未来哲学双書

無駄な死など、どこにもない

パンデミックと向きあう哲学

山内志朗
Yamauchi shiro

未来哲学研究所
ぷねうま舎

装画＝大森慶宣
装幀＝矢部竜二 BowWow

はじめに　死とは何か

死については、無数の本が書かれてきた。だが、死とは何かという問いに威厳をもって答えられる者はいない。そう答えられる者がいないというのは、きっと善い知らせなのだろう。死を扱う哲学で、生命倫理学は例外としても、それを正面から扱うものは少ない。古代のストア哲学は、生も死も価値中立的で善悪無記（アディアフォラ）だと説いた。死も生も価値的には同じなのだから、死を恐れる必要はないということだ。キリスト教神学においては、現世における死は神の国に帰ることだ。現世に生まれ落ちることは、父の国という故郷から出かけて、現世という旅に出かけることと考えられた。だから人間は、西洋中世において旅人（homo viator）と言われた。旅にある限り、衣食住のいずれにおいても不自由をし、難儀な道程を歩き続けなければならない。生きることが苦しみに充ちた難儀な道程だという発想は、近世に入るまでは王侯貴族たちを除いて、すべての人間が感じていたことだろう。その「苦しい生」については、経済発展を遂げた国々を除けば、今なお多くの地域でほとんどの人が感じていることだろう。経済発展や持続可能な進捗の可能性や資本主義の維持のために、人類はますます悪い環境の中に突き進んでいる。昔のように貧乏で苦しい生活は嫌だという思いに駆られて、墜落の道を突き進んでいるようにみえる。人類の衰退、歴史の終焉、大恐慌などという未来予測など、もう聞きたくもない、現在に必要なのは、希望と明るい未来だ、という声はどこからも聞こえてくる。しかし大地の奥底から響き渡る声は明るいものなのか。未来に対しては愚かになれ、ということが人類の課題だったのか。私にはわからない。

ロシアの思想家ニコライ・フョードロヴィチ・フョードロフ（一八二九―一九〇三年）は、空飛ぶロケットを考案した人物として知られる。ライト兄弟が飛行機の初飛行に成功したのが一九〇三年だから、フョードロフはその年に亡くなり、飛行機を知ることがないままの状況でロケットを考えていたことになる。彼のロケットの構想は、その人間論に基礎を置いている。フョードロフは、人間に死があるのは、人間が不完全だからだと断言してしまう。不完全なる生がより良いものとなるために、特定の生が終わり、本当は死などないほうが良いのだが、一つの生においてはその改善は完結しないので、死を迎え、その後の別の生において改善がはかられるというのだ。とすれば人間には改善する必要がなくなり、完全なものとなれば死ぬ必要はなくなることになる。つまり、倫理的に向上すれば、人は長生きし、完全になれば不死になるというのだ。そしてそういう完全な状態になると、死んだ祖先たちを、神の力を借りなくてもすべて復活させることができると、それを彼は夢見たのだ。

ここで重要なのは、その場合、一切の生殖が不要になるということだ。男も女も、生殖行為も出産も育児も教育も不要になる、そんなユートピアが訪れることを夢見続けた、それがフョードロフだ。祖先たちがすべて復活すれば、地球はあまりにも狭い。だから太陽系の惑星に移住する計画を立てる必要があると、ロケットどころか、飛行機も登場していない時代に彼は夢見た、気球があったから大空に離脱することは例外的には可能であったのだが。フョードロフの宇宙哲学は、愛と性のエチカでもあった。

死が生の終わりだ、生は無に帰し、意識もなくなる、と。死は絶対的暗闇の状態と表象されがちだ。それはそれでよいのだが、死に至る前に断末魔の苦しみを経なければならない。それが嫌だ、避けたいという人もいる。死んでいく過程が苦しくても、生きていることのほうが地獄だからと、自分で死を選ぶ人も多い。そして、自殺は哲学的には絶対的悪だという議論も数多い。しかし、死に赴こうと決めた者に哲学的議論など何の役に立つのか。馬の耳に念仏にも及ばないものではないのか。

いま、私の心を占めているのは、死を生の姉妹（sora nostra morte corporale）と捉えたアッシジのフランチェスコ（一一八二―一二二六年）の思いを少し跡付けること、それだけである。

◇目　次◇

序　章　雪と重力

穢れと重力

降る雪を見ていると空に吸い込まれそうになる。そして、ふと思う、雪は何のために降ってくるのだろうか、と。雪は地面に降り落ちるやいなや、踏みつけられ、泥まみれになる。落ちてくるときは天使のようであっても、地面に落ちてからは、忌み嫌われるだけだ。雪は穢れるために地上に降ってくるのだろうか。重力に従って降りてくるのは、穢れるためなのだろうか。

私は雪を見るといつも懐かしく思う。私は雪国の山奥に育ったからだろう。北国の人間は冬の間、たっぷり四カ月間は雪に囲まれて暮らすことを強いられる。雪は降り積もって人々の歩く道を消し去り、身体の疲労と視界の制約をもたらし、心を重苦しいものにする。家々の窓を蔽（おお）いつくし、家の中に光が入らないようにする。屋根に積もった雪は引き戸の開閉を困難にし、時には人を閉じ込め、最悪の場合には家を倒壊させる。だから、雪とのかかわりにおいては、苦しめられた経験のほうがずっと多い。にもかかわらず、雪が降ると私の心は浮き立つ。

　雪とは、地水火風と並んで、自然を構成するエレメントだと感じる。エレメントは、世界の構成要素であり、自然と人間との共通の織り地でもある。エレメントは、体に染み込んでいる。だからこそ、雪の消え去った春になっても、真夏であろうと沢の湧き水に雪の末流を感じることができるのだろう。

　雪は冬の間も冷たさとの連想の中だけに存在しているのではない。山奥の谷底の村は、雪がしんしんと降るときは、谷全体が雲に覆われ、思いのほか暖かい。日本海の暖流から上がる水蒸気が雪になって降ってくると教わったが、静かに降る雪は暖かい海を思い起こさせた。

　三〇歳になって、東京から海辺の雪国（新潟）に移り住んだ。同じ雪国といっても山形と新潟では雪の姿がまったく異なる。新潟の雪を歓迎する気配は、私の心にはない。同じ日本海沿いでも、海沿いの気候は激しく変わり、冬の打ちつける潮風は厳しく、冷たいものだった。

　東京で降る雪は、荒れ狂う日本海とは正反対で静かだが、服も靴も濡らし、骨の髄まで冷やす。雪も人間を真似て都会じみてくるのか、とても冷たい。そして、地面に落ちた瞬間に泥まみれに穢れてしまう。雪国の山奥では、降った雪は一冬の間、白いままであり続ける。さまざまな場所で雪に接して、雪を形而上学的に考えると、心は下に沈んでいく。

雪は「上」から「下」へと降ってくる。人間の価値体系、権力関係、宗教思想のいずれにおいても「上」は、高貴な清浄なる場所だ。かたや「下」は物質的で穢れた世界である。神が地下に配されることはあるが、それは、神が死後の世界の主宰者として考えられる場合だ。また、神の住まいが、海の彼方、地平線の果てに考えられる場合もある。ところが、一神教が支配的になってからは、神は上方、天上に存在すると捉えられることが多い。

キリスト教は、神を天に配する。その結果、西洋文化に決定的に刻印された二元論的図式が現れる。上・下＝霊・肉＝善・悪＝聖なるもの・穢れ＝恩寵・重力＝神・魔。二元論の呪縛、これが西洋文化を規定している。

この図式に従う限り、重力は悪の原理に落ちていくことだ。雪が重力に引きずられ、地面に降りるとき、それは穢れるためなのか、雪もまた空の高みを目指して上昇しようとし、力を失って、地表に向かうのだろうか。

重力と恩寵とを対比させたのは、フランスの哲学者シモーヌ・ヴェイユ（一九〇九―四三年）だ。その比喩の鮮やかさに心が止まる。

魂の本性的な働きのいっさいは物質的な重力の法則に類する法則に支配されている。恩寵のみが例外をなす。

（ヴェイユ『重力と恩寵』冨原真弓訳、岩波文庫、二〇一七年）

恩寵が高みへと引き上げる力だとすれば、重力は、下方へと墜落させる原理だ。低劣さと呼ばれるすべてのことは重力の一現象にすぎない。

シモーヌは激しい頭痛持ちだった。彼女は、頭痛に襲われて痛みがひどくなる過程で、誰かの額のきっかり同じ場所を殴って、その人を苦しめてやりたいという激しい願望、人を傷つける言葉を吐きたいという誘惑を感じたと告白する。

他者を傷つけたい欲望、それは重力への屈従であり、最大の罪だとシモーヌは語る。攻撃性と暴力性、それこそ性的欲望と並んで、人間の中のもっとも醜い欲望だ。しかし、この両者の欲望を持たない人間はいない。二つの欲望は、生命という輝く表面の裏面に離れがたく備わるものだ。どちらが表なのか。一方だけが本質で、残りは爽雑物、いや敵対者でしかないのか。

どんな人間も表と裏を持つ。片方しかない人間は存在しない。「悪人」とは、対立する両面の存在を認識する人だ。「善人」は一方しか認識しない人というべきかもしれない。「善人」とは真に善なる人なのか。

逃れがたく課せられた重力は悪の働きなのだろうか。人間は穢れるために生まれてくるのか、穢れからしか生まれてくることはできないのか。アウグスティヌス（三五四―四三〇年）は穢れを徹底的に強調した。原罪は取り去ることのできない汚点なのだ。しかし見かけとは異なって、そのように過酷な人間観に力点を置くことは、悲観的な世界観を抱えて沈んだまま心を準備するためではなく、無限大の穢れに対して、無限大の恩寵を対応させるためであった。彼があれほど原罪を強調するのは、背景の暗闇を強調することで、光の部分を強調するためなのだ。重力は恩寵であり、恩寵でなければならぬ。人間は一人で天に昇る力を持たないのだから。

それでもやはり、重力とは何か、と問いたくなる。雪は上から下へと降り落ちるしかない。人間もまた、自分の意志によって出生を選ぶのではなく、場所も性別も両親も選ぶことはできないまま、世界に投げ出される。人も世界に降り落ちる。人は、自らの感情も欲望も、その人間本性も自分で選んだわけではないのに、存在に組み込まれ、本性を予め負荷された〈私〉がこの世を歩き始める。重力と時間はどのように関係するのか。時間とは重力からの救済をもたらすものだったのか。

聖霊とグノーシス主義

キリスト教における聖霊は実に多様な働きをする。教会という共同体の根源、マリアのイエス懐胎、霊的伝達の原理、神と子との絆、神と人間との絆、人間と人間との絆……。聖霊は、二つ、いや多くのものを外的な媒介を通じてではなく、内的に媒介する。内的に媒介するとは、外側から与えられるはずのものが内奥から湧出すると語られる場合もあるし、外部と内部とをわかつ壁が穿たれ、相互浸透が生じると語ることもできる。そしてここに、神秘主義における、もっとも重要なモチーフがある。

ここでは、もっとも遠くに存在し、超越しているものが、遠方や上方から近づいてくるのではなく、自己の内部の暗闇、奈落に小さな炎として現れるというのである。炎である必要はない。光や呼びかけや轟きや熱や感涙や、いろいろな形で現れてくる。外なるもの、肉的なものを通じて与えられるのではない。そこでは、自己と他者との二元論的分別は捨て去られる。ここにおいて聖霊は哲学的二元論を打ち砕くものとしてある。

外側から入ってくるものであれば、心に壁を作り、抵抗することができる。しかし、内的に生じることには、抵抗し得ないのだ。古来、恩寵の抗いがたさとして語られてきたことだ。自らが自由に意志することに、自ら抵抗することはできないのだから。

抵抗不可能である点において、重力も恩寵も似ているのではないか。上に引き上げる力が「恩寵」で、下に引き落とす力が「重力」であるというのは、グノーシス主義的な二元論に陥っているということではないか。

グノーシス主義（Gnosticism）は、人間を霊・魂・肉の三元性において捉える。三元性は見かけのものであり、その実態は、人間の魂が、善悪二元論的理不尽さの中で彷徨（さまよ）うという枠組みであり、実は二元論的構図である。

たしかに、グノーシス主義は妖しげにも、魅力的な思想ではある。その思想では、魂は個体性・個別性の座であり、〈私〉という意識を有する。一方、霊は、普遍的な原理であり、天に位置する清浄にして、穢れなき存在である。他方で、肉は、大地に位置し、悪の原理である。魂がこの世に産み落とされ、苦悩の中にあるのは、肉に囚われているからであり、肉を切り捨てることによって、魂は霊によって天にまで引き上げられる。その構図は人間の自己幻想に沿いやすい。言葉に宿る二元論を、心も「思想の二元論」として身に纏ってしまうから。

霊を善とし、肉を悪とするとき、地上的なもの、肉体的なもの、人間的なものはすべて魔的で呪詛（じゅそ）されるべき存在となる。霊と肉という二元論、およびその両者を相容れない乖離（かいり）において捉え、そして肉という悪の原理の消去こそが救済につながると考えるのが、グノーシス主義の基本だ。しかしながら、救済されるべきものは、人間の中の清らかな部分、霊的な部分だけではなく、人間のすべてを祝福された存在として、全体を掬い上げることこそ、正統的立場の信仰であった。

もし自分に穢れたところがあって、それが自らの本質を形成しているとすれば、切り離すことができず、それこそ人間が人間としてあるための不可欠の条件であるのかもしれない。その場合、救済の構図はどうなるのだろうか。シモーヌ・ヴェイユもグノーシス主義的な落とし穴に落ちていたということなのだろうか。私はそう思いたくはない。

重力としての存在

一粒の雪として、どこにでもありそうな自分の物語がある。個としての一粒の雪は、起源において始めから個であったわけではない。海から蒸気として立ち昇り、雪の結晶となって降るとき、雪はその形の中に来歴を刻み込んでいると言える。雪も、海を母とする。

人間はどうなのか。ヨハネス・ダマスケヌス（六七五頃—七四九年頃）が神という存在を「実体の無限なる海」と呼んだとき、存在は海であり、海はあらゆるものを一つに溶かし、渾然たる様（さま）で含んでいる。すると、個体とはそこから立ち昇り、現れる、雪の一片なのだろう。

実体の無限にして限界なき海のごとく、神はあらゆる存在を自分のうちに含んでいる。

（ヨハネス・ダマスケヌス『正統信仰論』第一巻第九章、引用者訳）

存在を海として捉えるのは、個体と普遍との関係を解き明かすヴィジョンを提供するためだ。個体とは、普遍から切り離され、自存するものとされる。一般観念では、例えば「猫一般」の概念のように、猫一般が、白くもなく、黒くもなく、茶色でもなく、三毛猫でもなく、「ないないづくし」に陥るから、そんなものは現実には存在しないと考える人も多い。かたや、そのような捉え方は、一般的な世界の見方に反対し、猫一般は白くも黒くもないが、白くも黒くもなり得ると考えるものだとする人も多い。「である」と「でない」の二つに一つと捉えるのか、二つの問いに無限の相の潜在を見るかで、世界の見方はまったく変わってくる。二元論とは、何かをわざと見落としてこそ成り立つ。世界は表と裏という二つの相貌だけからできているはずもないからである。

たしかに、二元論がたとえ呪縛であろうと、それを頭から否定してはならないのだ。どのように、自分が世間を歩み始めるのか、これを自ら定めるためには、二元論的にものを見る訓練もできていなければならないから。

ここでは何が問題なのか。世界のデフォルト（初期値 default）をどのように見るのかが問われているのである。初期状態が、白紙（タブラ・ラサ tabula rasa）であって中立的な状態なのか、それとも負債と罪悪だらけの〈負〉の状態と見るのか、祝福された〈正〉の状態と見るのかで、世界の相貌はまったく変わってくる。

普遍宗教となった宗教は、いずれも世界のデフォルトを〈負〉の状態に設定する。神と交わされた契約を履行することで話が始まれば、世界は光に満ちているだろう。ところが、歴史が契約の侵犯による失楽園から始まるのであれば、歴史は〈負〉から始まる。仏教もまた、世界を苦界として見るとき、世界のデフォルトを〈負〉に設定している。

デフォルトが〈負〉に設定されるのは、世界が〈負〉のままであり続けることを語るためではない。キリスト教が原罪を想定し、アウグスティヌスがそれを強調するのは、上昇するヴィジョンを語るためであった。〈負〉にあって、救済に値しない存在者であっても、無数に存在する存在者を無限大に引き上げるために設定される〈負〉とは、救済可能性の条件なのである。穢れも原罪も、〈負〉のデフォルトを設定しながらも、上昇可能性を指し示し、それを前提として、人間が倫理的存在としてあるための可能性の条件を切り開くものであった。「倫理的であるかどうか」という事実の次元においてではなく、「倫理的に存在するための条件」を準備するという潜在性の条件こそ、アウグスティヌスを踏まえた中世キリスト教の基底なのである。人間は罪あるがゆえに、救済され得る存在なのである。

シモーヌ・ヴェイユは、重力を物理的なものにだけでなく、「精神的」なものにも見出す。「精神的重力」。この視座を得た時点で、グノーシス主義的な陥穽（かんせい）から抜け出している。わが身を低めること、謙遜すること、それは自己を放棄し、重力に身を任せること、いや自ら落下しようとすることだ。霊的なものが受肉するのも、自ら落下していこうとすることだ。それをシモーヌは、精神的重力と呼ぶ。精神的重力は、われわれを高みに落とすのだ。

存在とは重力なのだ。恩寵と重力のグノーシス的二元論を脱出できた時点で、存在は重力として捉えられる。シモーヌは別に存在を重力として語っているのではないが、雪の降る姿とシモーヌの思いとを重ねると、そう思わずにはいられない。

雪は穢れるために降るのではない。人間の穢れや欲望は、存在にともなう呪詛としてあるのではなく、たとえ数多くの苦悩と困難をもたらすとしても、祝福されてあることの徴（しるし）としてある。だからこそ、善人よりも、悪人のほうが救済されやすいのである。

雪は降る。音もなく降る。雪が降るとき、雪は地上に昇っている。

第一章　コロナの廃墟で哲学は可能か

コロナ禍とは、人間にとってどういう課題なのだろう。災厄・災難であって、一刻も早く切り抜けるべき出来事なのかもしれない。通り過ぎてしまえば忘れ去られるべきことがらなのか、それとも別の意味をわれわれに突きつけているのか。疫学的に語ることは、私にはできない。新型コロナウイルスの変異株が登場し、またたく間に感染が広がり、ワクチンの接種も混乱の中、停滞し続けている。あまりにもたくさんの、さまざまな新型コロナウイルスに関する情報が渦巻き、私の心は砂嵐に巻かれて目も鼻も耳もすり減った石像のようになってしまった。

一四世紀に西洋を襲った黒死病（ペスト）は、人口の密集と都市化の問題、交易流通と交通網をめぐる問題を浮き彫りにし、生活様式においても、社会のあり方にも根本的な変容を引き起こした。だから、終息が見通せない状況においても、未来に対する心のあり方を整えておく必要があるのだ。

人々は疲れ果てている。そばに存在しているかもしれない感染者への恐れ、いや、自分が感染者かもしれないという不安、旅行にも行けない、実家にも帰れない不満、マスコミも感染者数の増加を報道するだけで、不安を募らせる情報しか手に入らない。そんな中で、人々はどのように行動したらよいのか、どのように心の持ち様を考えたらよいのか、考えあぐねている。

お客さんがこないのでホテルも宿も飲食店も大変です、という報道と、こんなに客が集まって感染が広がりそうです、という対立するメッセージを毎日乱雑に流し続けているテレビ報道は、特にお昼のワイドショーは、毎日、不安を煽るだけだ。

対立するニュース内容を垂れ流しにするのは、事実をゆがめない報道姿勢の現れと開き直ることはできるのだが、それが正しい態度なのかどうか。政府のコロナ対策分科会会長、尾身茂さんやＷＨＯのトップが発信する「ピークは過ぎた」という言い方は、なかなか情勢が動かない事態にあって、精神の安定を保つ良いコメントに違いなかろう。

「コロナにかかるぐらいなら、死んだほうがましだ」。クラスターが発生した学校に、中傷の電話をかける人々、東京からお盆に帰省した家族の家に「帰れ！」と張り紙をする人々、恐怖のゆえなのだろうが、毎日、恐怖を煽り立てるマスコミにもこうした風潮についてかなりの責任がある。

ウイルスへの恐怖、感染した場合の症状や医療体制への不安、雇用の継続、家族への影響、ほとんどの集会の中止か縮小、見通しのつかないことによる未来への不安。人々の心は疲れはて、心配と不安に押しつぶされている。

哲学という魂のあり方

私は哲学を志した頃、現代思想・現代哲学としての、フランスの華々しい思想や分析哲学を追いかけ始めはしたが、そこから取り残され、現象学にもハイデガーにも心は向かなかった。そのような流れに抗ってジャパニストとなり、日本に戻ろうという気持ちにもなれない。中国やインドを含むアジア人としての哲学に身を任そうという気にもなれなかった。そんなとき、われわれはどこにいるのか。

人類が滅びに向かっているように見える時代にあって、日本とか西洋などと言っていられる場合でもなくなった。縹渺（ひょうびょう）たる空漠の次元に投げ出された感覚に襲われる。ケージの中の無数のブロイラーは、目に表情を浮かべることもなく、何の感情も示さず、夢中にえさを食べる。人間に食べられるために成長する。なぜ、生まれてきたのかを考えることはない。人間はときどき考える。何のために生まれてきたのか、と。意識を課せられた人間は、なぜ生きるのかを考える。しかし、答えは出ない。何かを成し遂げるために人生はあるというけれど、では幼くして死んだ子どもは無駄に生きたということか。病と闘う途中、力つきて亡くなった人はどうなるのか。「なぜ」への答えにたどり着くことなく、「なぜ」という問いの手前で死ぬことは、そもそも不幸なことなのか。

哲学とはいかなる営みなのか。いつもともにいる存在を受け入れるとして、運命がたとえいかなるものであろうと、折り合いをつけ、仲直りして受け入れない限り、人生は一歩も前に進まず、むしろ足元をすくい、転ばせるものだ。運命に立ち向かう者には牙をむき、その者を滅ぼす。生殖は善と苦との両方をもたらす。したがって、人生は幸福になるために存在しているのではない。アリストテレスは生物は善を求める、と述べた。しかし、それは嘘だ。では、生命は快と苦のためにあるのかどうか。

「ために」という言葉に示される目的論的構造を、欲求の効用や功利主義者の解釈など、すべからく合理性で説明したがる頭を捨てて考えることができれば、違う道が見えてくる。

私は、哲学をずっとハビトゥスとして考えてきた。私にとって、哲学をする場合にハビトゥスはアルファにしてオメガである。そして、〈私〉という現象もハビトゥスである以上、「ハビトゥス語り」をしていることになる。ジル・ドゥルーズ（一九二五―九五年）は、存在の一義性

（univocity）を語る場合、西洋哲学においては存在という唯一の声（una vox）しか響いてこなかった、つまり西洋哲学は存在の一義性に尽きる、と宣言していた。存在は動かないものではなく、現成し、生成し、成長するものであるとすれば、それをハビトゥスと言い換えてもよい。その意味では、私はハビトゥス一元論者なのだ。

ハビトゥスは、魂という土壌に育つ。魂は、知性や理性という上位の精神作用ばかりではなく、欲望や情念や妄想といった魑魅魍魎界を構成する心的土壌（humus animae）から構成されている。

偶然性という課題

世界に起きる事柄が、予め設定されたプログラムによって起こるのであれば、人生はずっと過ごしやすいものであるはずだ。だが、人生は、生まれた場所、環境、家庭、性別など、自分では変更できないデフォルト（初期値）を課せられて、しかもその後の過程も予知できない偶然性に左右されてしまう。

哲学は本質の探求を中心に据えてきた。哲学の端緒の場所、ギリシアにおいて、彼らが哲学的傾向性を備えていたとしても、あれほどまで区々にわたって多様な思索が展開されていた状況で、共通の伝達可能性を準備しなければ、いかに一見堅牢な知的建築物として構築しても、たちどころに消滅してしまうだろう。名人芸はどれほど神的なものであろうと、伝達可能性と教育可能性という共有への道程を備えていなければ、すぐに消え去っていく。アリストテレスは、あの超人的な新概念創出力と新語形成力（ネオロギスム）によって、伝達可能性（コミュニカビリティ）を持つ学問形式として哲学を後世に送り届けてくれた。だが、彼が作り上げた枠組みは未完成だった。しかし、哲学の意義は体系としての完成度でも、課題解決としての帰結の卓越さにあるのでもなく、それが共通の探求可能性の条件を準備し、今日にまで送り届けていることにある。彼の語る実体（ウーシア）概念の多義性を責める者は、哲学という贈り物の意義を見過ごしている、と私は思う。

　ビジネスとしての成功を人生の真面目（しんめんもく）と考える人から見れば、人生は善悪の枠組みに斜め後ろのほうから深く突き刺さってくる性的欲望の問題といった偶然性によって根本から覆されてしまうことはあまりにも多い。人格者だと思われていた人物が、その性的嗜好の特殊性によって信頼を失い、公職から追われる事態など、浜辺に寄せる波とその数の多さを競うほどだ。倫理的に構成されるべき人間関係に、予想しえない角度で性的欲望は刺さってくる。そして、生活や生命を壊しながら、人生を根本から変更してしまう。人生の問題を家族や生殖から離れたところに設定するのでもなければ、倫理学が性の問題に関わらずにいることなどできるはずもない。

人はそういう性的衝動に基づく過ちを愚かと呼ぶ。では、問いたい。人間本性に、斜めから、とはすなわち過ちやすく仕組まれた欲望とは何のために与えられた贈り物なのか、と。これほどまでに過ちを招き寄せる力を備えた欲望たちが、魂に土壌として与えられているのは何のためなのか。人間は愚かな存在だと嘲笑することはできる。しかし、愚かの次元への重力を強く感じられない人間は、果たして地上に生きていると言えるのだろうか。煩悩まみれにおいてのみ、人間は生きているという条件を満たすと考える立場は、洋の東西を問わず、時代を問わず、主に宗教者が語ってきたメッセージである。偶然性という斜めから刺さってくる出来事を取り込むことでしか、人間に生き延びるための道は与えられていない。拭い難く、どす黒く染み込んだ欲望たちは、偶然性の災禍(さいか)を乗り越えるための訓練の場面ではないのか。では、このコロナ禍は何のためにあるのか。

一時的な感情の激動が取り返しのつかない人生の変化を引き起こすように、性的なものもあまりにも日常の中に入り込み、「フツー」の顔をしていながら、残虐な犯罪者のように部屋の片隅にいつも隠れているものであるがゆえに、そして日常的な合理性によって制御されるかのような欺瞞において日常性が構成されているために、性の狂気は当たり前のものとして見逃されがちである。だからこそ、そこにアウグスティヌスの苦悩もあった。一時的な激しい感情が生命を簡単に破壊するように、性的欲望もまた生活や生命を簡単に破壊してしまう。

出会ってしまったからには愛さずにはいられないという内的な必然性は、偶然性の徹底的暴力性を乗り越えるための贈り物でもある。さもなければ、人生は瓦礫の山の上に、さらに瓦礫を永遠に積み上げることでしかないだろう。人生という瓦礫の山に向きあう力は、どこから得られるのか。

愛と性のエチカ

生と死との間に性や生殖が位置していることは自明なことだが、生殖も死も特に現代の生活においては目につきにくいところにある。哲学も倫理学も、性や生殖ということをあまり扱ってはこなかった。たとえ扱うにしても、その比重は軽かった。だが、中世の贖罪(しょくざい)規定書においては、もう少し多く、また重い仕方で扱われている。そして文学では、特に二〇世紀に入って性や愛を表立って、大きく取り上げるようになった。倫理学は生殖に関して扱うようになったが、その位置はいまだ周辺的なままである。

人間の肉体器官について考えてみると、生殖に関わる器官が多いことに気づく。性差を反映する身体部位は多い。昆虫や魚類には、生殖の任務を果たすと同時に生を終えるものが少なくない。生殖器官が時に体の大部分を占めたりもする。哺乳類など高等な動物は、生殖の後に哺育（ほいく）や保護の務めを負い、比較的長い生存期間を持つ。人間は子育てが終わっても、長い生存期間を与えられている。生殖に関わる時期は限られているのだが、にもかかわらず生殖に関わる多様な器官を備えている。それが、人生そのものを支配していると言えなくもない。とりわけ、女性の場合、妊娠、出産、育児のための器官がその人の人生を大きく左右してしまうことは多い。性差の非対称性には、はなはだしいものがある。だが、少なくとも男女両性ともに、生存期間の長さを考えれば、人間は子孫を残すためにのみ存在しているのではない、と言うことは十分に可能だろう。

　生物としてはきわめて未完成な状態として生まれ、哺乳と育児の期間、教育期間、社会の中で生きていくための技術と知識を学ぶ修業期間など、家庭の維持と育児をこなして子どもたちが家から出ていく頃には定年退職を迎える。

　家庭の諸事に追われ、会社や仕事の諸般に追われ、それを抜け出すと、老人である。老人期とは何のためにあるのか。死ぬ前に置かれた老人の時期は、なすべきことも、目的もなく、やりたいこともない、ただの灰色の時間なのか。

アウグスティヌスは、使用と享受という物事へのかかわり方を示した。使用とは、その行為や出来事のうちに目的を持たず、別のところに目的を置いているということだ。そして、アウグスティヌスの享受論を踏まえれば、老い——老人であること、高齢者、シルバー世代と、良い言葉はあまりないが——とは、使用されるべきではなく、享受されるべき時期なのだ。

かつて医療技術が進展していない時代においては、子どもを育て、一人前になった頃に死を迎えていた。いまや、成人病のための薬が開発され、寿命は著しく伸びている。ここにおいて老いの時期を意義づける枠組み＝倫理がなければ、何のための長生きなのかという問いに答えることができないだろう。長寿とは、そのこと自体のうちに目的がやどり、享受されるべきものとしてある。しかし、現在の日本において長寿は享受されるものとしてあると言えるのだろうか。

理由のないものはない

墜落の重力に身をゆだねたアドルフ・ヒットラー、墜落の加速度は地面に出くわさなければ上昇していくだけだ。人間の愚かさも、墜落の重力の加速度に敗北してしまう。

人類が何度も経験してきた自然の大災害、戦争、疫病・感染症、飢饉、地震、台風……、そういう災厄(さいやく)によって人々は、苦しみつつ、無数の死を死んできた。なぜ、人は無数に生まれ出て、瞬間のごとき短い人生を過ごし、無数の死を遂げていくのか。

アウシュヴィッツの人々の苦悩も、十字架上のイエスの痛みと苦しみも、表象不可能だ。われわれは表象することはできないのだ。それを言葉で語ることに何の意味があるのか。思考が拒絶するということか、それとも出来事のほうが拒絶するのか。

無数の酷(むご)い死を前にして、人は立(た)ち竦(すく)むことしかできはしない。人間に何ができるのか。どこまでできるのか。ただ、前に立ち、頭を垂れて祈る。彼らの苦しみを、もはやいささかもやわらげる手立てなど、ありはしないのに。苦しむ者に共感し共苦すること、それは自分の心への言い訳や弁解にはなる。死の床で苦しむ者の隣りに座り、祈りを捧げることは、苦しみを減らし、やわらぎをもたらすのかどうか。仮に、もたらしはしないとしても祈らずにはいられない。もし祈りについて、帰結主義的に結果として何をもたらすのかを考えるならば、それは無意味かもしれない。

祈りとは何か。われわれも、生という苦しみの上に築かれた世界を呪いとしてではなく受け止め、苦しみもまた未来への祈りだと捉えるとしたら、世界はどう見えてくるのだろうか。

ゴットフリート・ライプニッツ（一六四六―一七一六年）は哲学の基本原理として理由律を挙げた。「理由のないものはない（nihil est sine ratione.）」。「無には理由がない」とも言える。表象不可能なものとは、理由なく現前している出来事のことだ。ヒロシマとナガサキの原爆災害、巨大な自然災害、これらは理由もなきままに、虚無がむき出しのまま姿を現す。心はその巨大さ、途方もなさに脅え、いじけて、目を閉じ、考えないようにしようとする。しかし、感じずにはいられない。苦しみにも理由がある。苦しみもまた功績ではないのか。

神霊の力

宗教現象の共通の根底には聖なるものへの畏怖がある。聖なるものとは、「神」という人格性を有したものばかりではなく、目に見えず、場所に漂う威力として迫りくるものであったり、さまざまに表象される。

日本語では、「ゆゆし」という言葉に聖なるものの名残りがとどめられていて、「ゆゆし」の「ユ」は、「ユ（斎）」と同根とされる。ユ（斎）とは、「清浄、神聖、生育する力を持った霊力」

のことだ。地名において「湯殿（ゆどの）」と表記されたとしても、その「ユ」が「ユ（斎）」を意味することを忘れてはならない。「ゆゆし」が、神聖なものへの畏怖の念を、また死の穢（けが）れに触れること、不吉な言動をすることなど、社会的禁忌（きんき）に対する畏（おそ）れを意味していた。日常性の中では接近してはならない領域であり、特別の作法・儀礼を経ることがなければ、害悪（罰）が加えられる領域なのである。通念をはるかに超えることへの不気味さを背後に有している。そして、まさに新型コロナウイルスは「ゆゆし」きものとして人間世界に登場した。

太平洋諸島に見られる信仰形態に、マナというものがある。それは非人格的で超自然的な力であって、精霊・人・生物・無生物・器物など、ありとあらゆるものに付帯し、強い転移性と伝染性を有している。

日本語で「ユ（斎）」と言われ、太平洋諸島におけるマナに対応するものを、ルドルフ・オットーはヌーメンと呼んだ。ヌーメン（numen）とは、「神霊・霊力」を意味するラテン語である。近代合理主義は、こういったヌーメンの力を否定することに全力を尽くし、科学の光で置き換えようとした。にもかかわらず、新型コロナ、いやこれから新たに何度も現れてくる新型の感染性ウイルスの登場は、ヌーメンの非合理的な力を示し、合理性の有限性を告げ知らせているかのようである。

このヌーメンには粗野なところがあり、人間に飼い馴らされることなく、洗練されることなく、荒々しく、理解されえない、あるいは理解することが困難な姿で自分自身を提示する傾向にある。本来恵みを与えるべき存在が祟（たた）るものとして姿を現すのが、その典型的あり方である。ヌーメンには絶対的な接近不可能性がつきものなのである。粗野であることと、絶対的接近不可能性とは重なっている。非合理性を有し、把握不可能なものとしてあり続けるというのも、ヌーメンの本質的特徴なのである。それどころか、人間の魂の根底にある〈私〉ということもヌーメンであって、把握できず、理解や追求を逃れ続けるものとしてあると思う。

　ヌーメンは自己を啓示し、そして啓示すればするほど、把握不可能性を強化するという性質を備えている。オットーは次のようにその側面を記述する。

> ヌーメンはそのヌーメン的側面において、非合理的な「把握不可能性」のすべての要因を維持しており、それどころか自己を「啓示」すればするほど、ますますこの要因〔の非合理的な把握不可能性〕を強化する。というのは「自己を啓示すること」とは、決して理知的にわかるところに移行することではないからだ。ヌーメンはそのもっとも深い本質からして感性になんらかの仕方で知られ、親しまれ、祝福をもたらし、感動させることができるが、そのためのいかなる概念的理解も悟性にはできない。人は悟性による「把握」ができなくとも、感性をとおして深く内的に「わかる」ことができる。たとえば、音楽がそう

だ。音楽について概念的に理解される部分は決して音楽そのものではない。わかることと概念として理解することとは同じではないし、それどころかたがいに排斥しあうことも多い。このように、ヌーメンの神秘に満ちた、概念的に解明できない闇が意味するものは、〔ヌーメンを〕知ることができないこと、ないしはわかることができないことでは決してない。隠れた理解しがたい神〔deus absconditus et incomprehensibilis〕は、ルターにとって決して知られざる神（deus ignotus）ではなかった。彼は神をあまりにもよく「知りすぎていた」。

（オットー『聖なるもの』久松英二訳、岩波文庫、二〇一〇年）

聖なるもの＝ヌーメンは名前も顔もなく登場し、そばに迫りながらも、目に見えず、何であるかはわからないまま感じられるものだ。自分の心を引き寄せ、迫り来たるものなのに、何であるかはわからない。思いすごし、気のせいと人は言う。しかし、そういうものに心惹かれる人は少なくない。中世の神秘主義者、ハインリヒ・ゾイゼ（一二九五―一三六六年）もそうだった。

わたしの心は幼いころからなにかを渇望し求めてきましたが、それがなにであるかは、いまでも完全にはわかっておりません。主よ、わたしはもう何年もの間、熱心にそれを追い求めてきましたが、なかなか満足をえることはできませんでした。それがなになのかよく

> 知らないからです。にもかかわらず、それはわたしの心と魂を惹きつけるものであり、それなしでわたしは決して真の安らぎをえることはありません。主よ、わたしは幼いときに、それを被造物のなかに探し求めようとしました。ほかの人たちがそうしているのを知っていたからです。しかし、そうやって探せば探すだけ、なにも見出すものがありませんでした。近づこうとすればするほど、ますますそれから離れてしまいました。……いま、わたしの心はそれを求めて荒れ狂っています。それが欲しくてたまらないのです。ああ、わたしのなかでまったく隠れたまま戯れているもの、それはなにでしょうか、どんな性質のものでしょうか。
>
> （ゾイゼ『自伝』第二巻第一章、オットー『聖なるもの』より）

ここに示されているのは、魑魅魍魎の類ではなく、神から与えられる先行的恩寵（gratia praeveniens）の現れる姿とされている。光や力として感じられるものなのだ。だが、恩寵論に入り込むと途方もなく難しくなる。ただ、ここで確認したいのは、聖霊の迫り方とヌーメンの到来とは重なるということだ。

聖霊と祈り

祈りが、帰らざる生の生き直しの意味を少しでも持つのであれば、祈りもまた死者への思いとなる。祈りは、過去を取り戻すことを志向性において含んでいる。にもかかわらず、生は絶えず新しく生み出され続ける。ヴァルター・ベンヤミン（一八九二―一九四〇年）は、絶えず生み出され続け、絶えず滅びゆく存在を、「新しき天使（angelus novus）」という表象において捉えた。諸行無常と同じということなのか。消滅していくという側面だけが語られているのか。生成と消滅というモデルも基本的類型としてあるが、発出と回帰（往還）というモデルもある。聖霊が語られるとき、そこには往還というモデルも潜んでいるはずだ。

聖霊の働きを典型的に示すのが、聖霊の贈り物とは聖霊そのものであるということだ。単純な表現であるように見えて、これは徹底的に理解を拒む。聖霊は、神から人間へ、父から子へ、人間から人間へなど、さまざまな通路となるメディアだ。メディアは普通コンテンツを伝えるとされる。しかし、聖霊というメディアにおいては、聖霊そのものがコンテンツである。聖霊が自分自身を伝えるのである。ということは、聖霊というメディアの中に、伝える作用を司る

medium medians（伝えるメディア）という側面と、medium mediatum（伝えられたメディア）という側面とがあるということになる。これは伝わり続けるメディアについて考える場合に便利な図式である。聖霊は、普遍的な伝達・布教をミッション（使命）とする力のことだ。伝えられたものがそれ自身自らを伝えるメディアになる場合にのみ、流れ続け、広がり続け、不死の永遠なるものとなることができる。

古代の教父、アンブロシウス（三三九頃―三九七年）は聖霊について次のように語る。

> 聖霊は本性的に接近不可能なものでありながら、善性のゆえにわれわれすべてがそれを受け取ることができ、その力はすべての物を満たし、義なる人によって分有され、実体において単純で、力において豊かで、各々に現前し、おのおのはそれを分有し、至るところに全体がある（ubique totus）。
>
> （アンブロシウス『聖霊論』第一巻第五章§72、引用者訳）

聖霊は、それ自身が備える本性による限り、接近不可能でありながら、他のものとの関係と性質として備える善性とによって、そして善は伝播するものであるがゆえに、全体としてとどまり続け、個々のものに接近不可能なままにとどまることができず、人間に拡散し、内在するものとなっていく。聖霊とは、普遍的な伝達可能性の原理＝力なのである。

だから、聖霊は風のように至るところに吹きわたる。しかし、その風はいつも軽やかに吹きわたるのではない。人間の息となって人間を経巡るとき、苦しむ人においては喘ぎや呻きとなるからである。

> 霊もまた私たちの弱さを助けてくれる。なぜならば私たちは、しかるべき仕方で何を祈るべきか知らないが、しかし霊自らが、言葉にならないうめきをもって（gemitibus inerrabilibus）、執り成しをしてくれるからである。
>
> （「ローマ人への手紙」八章二六節、
> 『パウロ書簡』新約聖書翻訳委員会訳、岩波書店、一九九六年）

呻き・喘ぎとは激しい息遣いであり、聖霊の活発なる出入り、聖霊の働きなのである。すると、聖霊の呻きもまた、至るところでその全体が（ubique totus）働いていることになる。そう聖霊を捉えられる者は、風の動きを聖霊の働きとして見ることができる。

間奏の章1　通底する存在と情念

未来とは何か。これはどういう問いなのだろうか。存在とは何か、人間とは何か、という問いと同じようにそもそも問いとしての条件を満たしているのかが気になる。「死」を主題の正面に据える以上、この問いは避けて通れない。

ギリシア哲学以来、「……とは何か」という問いの立て方は本質を探求する問いとして考えられてきた。古来、哲学の基本的構えなのだ。しかし、未来がいまだ存在していないものであれば、「未来とは何か」とはどういう問いかけなのか。未来についてはいまだ本質がないとは言えないとしても、問いの構えがいかなるものかに、まず注意を向ける必要がある。

一般に哲学的な問いに立ち向かう場合、哲学者は答えのなさに直面しても絶望するわけではない。ヴァルター・ベンヤミンは、歴史の進展を考える場合、「新しい天使たち」というイメージをいつも心に持っていた。彼が「新しい天使」として表象していたのは、次のような絶えざる生成のイメージだった。神が毎瞬、無数の新しい天使を創造しており、これらの天使のおのおのは、神の玉座の前で一瞬、神の讃歌を歌っては無の中に溶け去っていく定めにあるのだという。

これは哲学的問題が大量消費社会の中で読み捨てられていく運命を予言したのではなく、もし問題の一つ一つが答えによって消滅していかず、逆に毎瞬、現れながらとどまるものだとしたら、それこそ中世哲学の〈このもの性〉を現代において取り戻した思想ということもできる。ギリシア哲学において理想的なものとされる永遠性や不可滅性や必然性だけが、目指されるべき価値ではないだろう。未来を語るための枠組みとして新しい価値が目指されたとしても、奇妙なことではないのである。

私がここで考え始めることを試みたいのは、未来を受容する基体は、理性や知性ではなく、情念ではないのか、ということだ。

中世から見る視点

一二世紀から一三世紀にかけては、西洋中世ではさまざまな異端が登場した。日本においても、新しい仏教の流れが数多く現れてきた。日本と西洋との間の宗教における同時代性は、政治的権威の正当化という機能を離れて、庶民の救済への志向性に裏づけられていたという点に見て取ることができる。

同時に、末法思想や終末論ということ、つまり時間意識においても西洋と日本の中世とは重なっている。現世における苦悩や不満は、来たるべき時代や段階において大転換に見舞われるという時間意識が、双方に見られるのである。それを、終末と言っても革命と言ってもよい。一三世紀の西欧において、そうした歴史観を強く打ち出したのが、フィオーレのヨアキムであり、彼の歴史観は、フランシスコ会に受け継がれ、その予言通りに、一二六〇年頃には世界に変革が生じ、「聖霊の時代」が出現するという過激な主張のもとに、宗教運動として隆盛を迎えた。このようなヨアキムの予言──すなわち一二〇〇年頃に「第二のキリスト」が登場し、六〇年間の移行期間を経て、一二六〇年頃には新しい時代が到来する──を信じていたのが、「スピリトゥアーレ（聖霊派）」と言われる人々であった。一二六〇年に変革は実際には生じなかったが、「現在」の秩序が転倒し、厳しい格差社会の秩序が大転換すると信じられたのである。

予言された「第二のキリスト」のように登場したのが、アッシジのフランチェスコであり、第三の段階である「聖霊の時代」において、キリスト教を主導する教団がフランシスコ会にほかならない、と考えられたのである。ローマ教皇を頂点とする伝統的カトリックは、「肉の教会」として捉えられ、それが「聖霊の教会」によって乗り越えられると考えられ、ローマ教皇庁と対立することになった。スピリトゥアーレは、一二世紀から次々と登場した異端が理論武装して成立したものと考えることもできる。

ローマ教皇は、教会制度を破壊しかねないほどの勢いを持つものとして、フランシスコ会などの托鉢修道会の運動を認識し、当初からそれを認可することで、カトリック教会の中に取り込もうとした。その結果、フランシスコ会の主流派は、伝統的教会組織の内部にとどまろうとしたのである。

こういったフランシスコ会の伝統の中から登場し、教皇の不可謬説や十全的権力を批判し、近代において世俗化の運動の発端を作ったとされるのが、ウィリアム・オッカムである。オッカムの唯名論は、ローマ教会を瓦解させ、宗教改革への道を切り開いたとして、オッカムはカトリックからは憎悪される存在となった。ジョルジュ・ド・ラガルド（法思想史家、一八九八—一九六七年）はそのことを論証しようとしたのである。しかし、オッカムが行ったのは、世俗的権威（帝権 imperium）と宗教的権威（教権 sacerdotium）とを分離し、宗教的権威は世俗支配から手を引き、魂の救済という霊的なことがらへ専念すべきことを主張したのであり、原始キリスト教団への回帰を主張したと見る方が事実に即している。

西欧においては、キリスト教がローマ帝国の国教となって以来、そしてさらにフランク帝国の成立の際に、政治的権威を正当化する機能を教会が担い、同時に宗教組織の経済的・政治的安定性を君主に保証してもらうという共存関係にあった。一二—一三世紀には一時的にテオクラシー（神政）の時代が到来し、教会が社会を支配するように見える時代が訪れたとしても、原則としては帝権と教権の両立の時代だったのである。この点は、日本が王権と神仏と武家という三元的な権威構造をなしていたのとは異なっている。

聖霊と情念

私がここで注目したいのは、聖霊の機能である。聖霊とは、キリスト教の三位一体を構成するペルソナであり、きわめて重要な機能を備える位格であるにもかかわらず、理論的な考察は難しいところがある。そのために哲学的に分析されたこともあまりないと言ってよい。主要な障壁は聖霊主義と時間、特に未来との関連、権威の正当化の問題と情念との結びつきにあった。

なぜ、聖霊主義という特殊キリスト教的な流れにここで着目するのか。それは、フランシスコ会において聖霊主義の側面を強く有する思想家が、歴史の変転に大きくかかわっているからである。フランチェスコ、ボナヴェントゥラ、ドゥンス・スコトゥス、オリヴィ、オッカムなどである。とりわけオリヴィ（ペトルス・ヨハネス・オリヴィ、一二四八頃—九八年）は、フランシスコ会急進派のスピリトゥアーレに属し、かなり明確に聖霊主義の側面を打ち出し、革命的終末論、反ローマ・カトリック、個体主義、主意主義、脱宗教化（ライシテ）などの側面を有している。そして、カリタス（愛）、神の絶対的能力、反功績主義、唯名論といった問題とも関連してくるため、実に多くの論点と結びつくのである。

ここでは、全体を概観するということよりも、あまりまとまったものとは言えないが、私自身が関わるべき問題として考えていることを述べておきたいと思う。

中世においては、時間の流れを終わりのない過程と捉えるアリストテレス的時間概念と、予測された世界の終末は迫っているとする終末論的な時間概念との二つが両立していた。アリストテレス的時間概念は一二、一三世紀に受容される。それに対して後者は、終末論を歴史から切り離す働きを持ち、中世末期に終末論的世界観は継承されるのだが、その際、終末は一八世紀初頭（クザーヌス説）、一九九四年（ピコ・デッラ・ミランドラ説）というように、次第に先送りされる傾向が見られた。

また、閉じた宇宙から開かれた無限宇宙へというように、近代自然科学の成立期に見られた自然の見方の変化は、空間的な無限性だけではなく、時間的な無限性においても展開していったのである。

丸山眞男が政治学的な正当性の問題を考えるに際して、江戸時代と明治時代とを断絶させなかったということ、そして荻生徂徠に着目したという点は興味深い。そして荻生徂徠に言及するとき、ドゥンス・スコトゥスの主意主義や個体主義、唯名論の政治的権威論にも注意を払っていたことは、ここで展開することはできないが、私には大切な論点なのだ。

西洋中世末期の唯名論は、帝権と教権、世俗的権威と宗教的権威とを分離した。それによって、宗教的権威が原始キリスト教団に回帰することを推し進めたのだ。その場合、世俗化というよりも、脱宗教化が起こる。ライシテというフランス語は、平信徒を指すラテン語 laicus からきていて、宗教的なヒエラルキーと政治的な権威との連動を免れ、誰もが平信徒として、平等に神の前に立つという理念と結びつく。すなわち、ルターの思想とつながるのである。そして、その背景にあったのが聖霊主義だった。聖霊主義は、アリストテレス的な実体論から離れ、経済価値が事物に内在するのではなく、商品と貨幣の流通こそが富であるという循環型経済思想と結びついた。実体主義が蓄積型の富をモデルとしていたのに対し、聖霊主義的経済学は富の蓄積ではなく、絶えず流れ続け、淀むことなく、くまなく富が流通することを目指していた。「聖霊の経済学」という理念が、そこにはあった。

しかし、もっとも重要なのは、歴史観と革命的時間論とが連動したことである。フィオーレのヨアキムの歴史観では、三つの段階・時代（status）を設定し、戒律が支配的な「父の時代」、福音が支配的な「子の時代」、その後に永遠の福音が支配する「聖霊の時代」がくると考える。「聖霊の時代」にあっては、それまでの教会組織が変革され、聖霊によって神から直接的に恩寵を受容する人々によって新しく教会が導かれるとされたのである。

聖霊主義が受け入れられたのは、たとえそれが非知性主義の中でも危険な形態に陥りやすい特徴を備えたものであったとしても、圧倒的な格差のもとに日常生活に喘ぎ苦しむ一般民衆にとって、高尚ではあるが縁遠い高踏的スコラ神学よりも、日常生活の具体的改善に結びつく新しい教会論のほうが切実であったからだとは言える。

その場合に、上からの啓蒙的な教義教育よりも、精神の内部に湧き起こる情念や熱狂への原理として、愛や感情が重視されたのは、理解しやすいことだ。

救済論と時間性

キリスト教の枠組みでは、情念（受難）は、政治的権威とは対極的なものであった。イエスは、サドカイ派やパリサイ派という体制側に立つユダヤ教に反発し、主流派の救済のみに目を向ける傾向に対立して、民衆に根ざした集団を形成していった。

フランチェスコが一三世紀初頭に「第二のキリスト」と呼ばれたのは、ローマ教皇庁が世俗的権威との関係への配慮に終始していたことへの反発が、イエスの原始キリスト教団への憧れのかたちをとって現れたということなのだろう。つまり、キリスト教は国家権力に対抗するものとしてあったにもかかわらず、キリスト教の国教化によって国家との共生的・相補的関係（協力関係）に巻き込まれてしまったのである。

政治権力との提携は、ローマ教皇や司教が、世俗君主や官僚と同様のものとなってしまうことを意味する。キリスト教が本来目指していた民衆の救済から逸脱してしまうのだ。一二世紀以降、宗教的権威の基盤が強固なものとなり、その権威を高めるにつれて、その傾向は強まった。その結果、一二世紀以降、さまざまな異端運動が現れる。

一二世紀の異端運動の特徴を示すキーワードとしては、リテラシー（識字）、女性、聖霊がある。リテラシーは異端運動を考える場合、特に重要である。聖書こそ、魂の救済、天国に至る鍵となるものだが、聖書を読解することは、ラテン語を学び、その内容を理解できるだけの教育を受ける必要があった。そのような能力を持つ市民はごく少数であったが、一二世紀以降、経済的に余裕のある市民が聖書を購入し、時間的に余裕のある女性が読解のためのリテラシーを身に着け、教会の聖職者に頼らずに、自分たちで聖書を読む運動を広げていった。これが、一二世紀の異端を支えた基本的構図であった。

その場合、聖霊は教会を介することなく、神やイエスに至るメディアとなった。聖霊主義が無媒介性を重視するのは、媒介や順番を重視すると、既成の組織体制に取り込まれてしまうからである。

私は、この中世のスコラ哲学の中では素通りされてしまいがちな聖霊の機能について関心を向けてきた。トマス・アクィナスの『神学大全』においても、神のあり方にかかわる部分は、アリストテレス的な実体論と折り合えるところはわかりやすいが、三位一体論、ペルソナ論、聖霊論が始まると、もはやアリストテレス的枠組みでは歯が立たなくなる。とはいえ、新プラトン主義的枠組みとは対立しないので、哲学的考察が挫折するというわけではないのだ。

この聖霊主義は、西田幾多郎や井筒俊彦が立脚した「述語主義」的枠組みで考えると理解しやすい。「花が存在する」のではなく、「存在が花する」という言い方が端的にその事態を表現している。実体という個別的で具体的で確定したものが最初にあるのではなく、未既定的で不定で曖昧なものが先にあって、そこから具体性が立ち現れてくるという枠組みである。

聖霊主義的枠組みは、時間論との折り合いがよい。すなわちそこに、不条理は発生しにくい。自然科学的・法則主義的世界観によれば、初期条件が定められると、その後は決定論的に科学法則に従って物事が生起するという枠組みが支配的であった。しかし新型コロナウイルスもそうであるように、予想できなかったことが人間世界では成立し、それがすべてを揺り動かす。東日本大震災もそうであった。

突破のためのアフォリズム

経済変動を予測することが、知性の証であると捉える知性モデルは過去のものだ。では、未来は予測不可能であって、ニヒリズムの中で生きなければならないのか。絶望の中で精神的に冬眠しながら生きていくことも有力な方法ではあるのだが。

私はここでふと感じる。未来を予測する器官（センソリウム）は知性や理性だけなのか、と。情念もそうではないか、と私には思われる。認識的であり、同時に情緒的な能力（cognitive and emotional faculty）は不可能なのか。非知性主義に陥ることなく、未来を感じることはできないのか。それを考える一つの糸口を中世の聖霊主義に探ってみたいと思う。

情念が未来に臨む枠組みは、聖霊の時間に対する機能と類似しているように思われるのだ。聖霊はいつも閾を乗り越え、閾の上で方向性を逆転させる機能を持っていた。正確に述べれば、逆転というよりも、矛盾対立的・同時相互浸透である（retrospective and prospective pro-jection）。人間が他者とのコミュニケーションにおいて、いとも容易に使いこなしている機能である。

方法にしても、啓蒙主義的に教化を図る道は、公共的な制御可能性を受け入れやすい。情念は暴発し、デモやデマなど突発的な暴力性に結びつきやすい。しかしながら他方、外から与えられる入力情報の制御のもとでは、現実に存在する格差と不平等を温存・維持する結果になりやすい。これを修正する原理は、内奥から噴出する外部性とでも言うべきものだ。未来が、足元から滾々（こんこん）と湧き出す泉の表象をもって語られるのは、歴史的に見ると珍しいことではなかった。情念が未来を受容する器官であると考えれば、それは当然のことでもある。

突発的で制御されにくい情念は、どのように公共性と結びつけられるべきなのか。ストア派的なアパテイアやコスモポリタン的な道筋であり、そこに働くミクロコスモスとマクロコスモスとの調和というダイアグラムは受け入れやすいものではない。

私が考えたいのは、「近傍系」と「セカイ系」ということだ。近傍系とは、土居健郎が『「甘え」の構造』（弘文堂、一九七一年）で描いた圏域だ。「身内、近傍的人間社会（世間）」である。近傍の欠落によって生じるものが、「セカイ系」のアニメである、と私は考える。セカイ系倫理学というプログラムを私としては考えているが、ここで紹介する余裕はない。新海誠（しんかいまこと）の映画、庵野秀明（あんのひであき）のアニメの中に、未来哲学と通底するものを見出すことは、私には不可能なことではないと思われる。

公共的なもの・政治的なものが正当化され、社会の中で通用し、人々の精神の中に受容され、文化的な基層になっていくこと、その道筋の探求こそ、荻生徂徠、福澤諭吉、丸山眞男へと通じる道筋だと考えることもできる。その際、政治的なものと精神的なものとを媒介する機能を倫理が担っていた。

近代化の過程は、ライシテ（非宗教性）や世俗化の契機を強く有していた。しかしその世俗化の過程も、宗教性の消滅ではなく、政治や世俗の出来事における脱宗教性ということであって、内面における非宗教化を意味するものではなかった。内面には、自動的に宗教的出来事が入り込むのではなく、文字や教育を通して入り込む。文字や教育は世俗の出来事であるから、世俗における脱宗教化は全体的な非宗教化をもたらす。

宗教において重要な機能を有していた聖霊は、その機能をまったく失ってしまったのか。もちろん、その聖霊の復権を主張することは、危険な反知性主義を惹き起こしかねない。聖霊の無媒介性、直接性は危険な側面もあるのだから。

私としては、いま詳しく述べる余裕はないとしても、未来を無媒介的に直接に受容する基体としての情念的な魂――唯名論の有していた創造的・構成的契機をわかりやすく示すために、ドゥンス・スコトゥス、オッカム、オリヴィ、リミニのグレゴリウスといった中世末期の思想を追いかけている。

最後に独断的なテーゼとして、私の暫定的道標を挙げておこう。それは、「唯名論とは、非存在のリアリティの探求である」というものだ。未来と非存在とが無関係でないとしたら、このようなテーゼもまた道しるべとしての機能を持つと思う。

第二章　人はなぜ死ぬのか

贈り物としての死

アッシジのフランチェスコが「太陽の歌」で述べているように、肉体の死もまたわれわれの姉妹であり（sora nostra morte corporale）、贈り物と言うべきかもしれない。生命だけが贈り物なのではなく、死もまた贈り物なのだ。

それも、できるだけ遅く受け取るべき贈り物と言うべきか。たとえ万巻の書物を読もうと、決してわれわれには概念としてわかることではない。しかし、死とは何かがわからぬまま、わからないがゆえにという理由で恐怖に包まれて死んでいくことは喜ばしいことなのかどうか。

わからないことが悪であって、わからなければ幸せに死ぬことはできないということになるのか。

「世間」という言葉は、自分の感情を正当化する根拠に用いられる。「みんなそうしているわよ」、と。だが、死についてだけは、世間はそれを世間からの退出として捉える。死んだ者は世間に属してはいない。世間はさまざまなことを教えるが、死とは何かについては教えない。世間の中に死はないからだ。葬式はあっても、そこにあるのは「死」ではない。

人はみな、死んでいかなければならないものだとすれば、苦しまずに死んでいくことを願うだろう。死ぬことなく生き続けられれば、という願いから不死も追い求められてきた。しかし、果たしていつまでも生き続けられることが幸せで楽しいことなのか。これもまた疑問視されるようになった。天使のように不死であること、これは人間にとって死よりも苦しいことかもしれない。あくまでも人間には、人間としての存在の享受しか与えられていないのだとすれば。

人間が死ななければならない存在であるとして、そこで語られるのが苦しまずに死んでいける道筋としての「ピンピンコロリ」だ。死ぬ間際まで元気に動き続け、ある日、苦しまずに死んでいくという姿だ。それを祈願するための「ポックリ寺」が、全国各地にあるようだ。ポックリ寺でポックリ成仏を願う者は、長く寝たきりの病人の世話を経験した人たちかもしれない。まわりの者に世話を焼かせ、苦労をかけ、いつ死ぬのだろうかと迷惑がられて苦しいまま生きるよりも、ポックリ死んでいったほうが、自分にとってもまわりの人々にとっても幸せなのだという思いがあってのことであろう。

だが一方で、昨日まで元気だった人が突然の死を迎えること、これはまたまわりの者からすれば、心痛極まりないことだ、死ぬとは予想だにしていなかったのだから。

多くの人は、体力が弱まり、病いがちとなり、いくつかの病名を抱え、死が徐々に接近しつつあることを感じながら、訪れてきた病気を乗り越えられずに死んでいく。

死と向き合う、そこに正しい答えや対処法があるわけではない。倫理学は、功利主義を基本としているから、死にゆく者に対しては、延命を図り、苦しみの時間を与え続けることを拒み、できるだけ苦しまずに死んでいく方法をよしとする。ここに無痛社会の姿が現れている。

無痛を求めながらも、苦痛を免れられない場合もある。そして、それを過去の行為への罰であるかのごとく捉えたりする。「あのとき、そんなことをしなければよかった。取り戻しえない出来事を、なぜやってしまったのか」。その逆に、「なぜ、あのとき勇気をもって実行しなかったのだろう。もし、やっていたら成功し、今このような不幸を経験することもなかっただろうに」という後悔に包まれて、過去の行為の、いや行為しなかったことへの罰として苦しみが現れていると考えがちだ。

「自然的な仕方で、涙と呻(うめ)きは悲しみを和らげる（Lacrymae et gemitus naturaliter mitigant tristitiam）」という言葉がある。この言葉に心を傾けるとき、われわれは刑場跡に残る墓場の草むらに流れる虫の鳴き声を、無言のままにいながらの無数の死者たち、その彼らの呻きとして聞くこともできる。

太陽の歌

いと高きにありて、全能ですばらしき主よ、
賞賛と栄光と名誉と祝福は、すべてあなただけのもの
いと高き方よ、これらはあなただけのもの、
いかなる人もあなたの名を呼ぶのにふさわしくはない

わが主よ、称えられてあれ
あなたの造られたすべてのものとともに
なによりもあなたの友である太陽とともに
太陽は昼となり、あなたは、太陽によって私たちを照らしている
太陽は美しく、偉大な光を放って輝き、

いと高き方よ、あなたの似姿を宿している

わが主よ、称えられてあれ
あなたの姉妹である月と星のために、
あなたは、天のうちに月と星を、明るく、尊く、美しく造られた

わが主よ、称えられてあれ
あなたの兄弟である風のために、
空気、風、晴天、あらゆる天候のために
あなたは、これらによって自分で造られたものを扶け養う

わが主よ、称えられてあれ
あなたの姉妹である水のために、
水は、役に立ち、身を卑しくし、貴重で、清らかだ

わが主よ、称えられてあれ

あなたの兄弟である火のために、
あなたは、火によって夜を照らしなさる
火は、美しく、快活にて、たくましく、力あり

わが主よ、称えられてあれ
われらが姉妹、母である大地のために
大地は、われらを養い、治め、
種々の実、色とりどりの草花を生み出した

わが主よ、称えられてあれ
あなたへの愛のために赦し
病いと苦難を堪え忍ぶ人々のために
平和な心で堪え忍ぶ人々は幸いなり
いと高き方よ、
その人々は、あなたから栄冠を受けるからである

わが主よ、称えられてあれ
われわれの姉妹である肉体の死のために、
生きとし生けるもの、死を免れることはできない
罪のうちに死す者は、幸せを受けることができない
あなたのいと聖なる御旨(みむね)のうちにある人々は幸いなり
第二の死がその人々を損なうことはないからだ

わが主を称え、賞賛せよ、
主に感謝し、深くへりくだりて主に仕えよ

（フランチェスコ「太陽の歌」引用者訳）

表現を拒む、粗野なるものとしての死

死の問題と表現の問題とはどのように結びつくのか。対立もせず、同じ平面に属することもなく、両者は「ねじれ（twist）」の関係にある。ミシンとこうもり傘が解剖台の上で出会うことが僥倖(ぎょうこう)であるならば、宇宙空間で遠く離れ、いかなる関係もないままにとどまり続ける者

たちは、無限の遠点にあって、ただ「ねじれ」たままなのか。ライプニッツの語るモナド相互の表出、『華厳経』に語られる事事無礙法界（じじむげほっかい）は、二つの事物を無関係のまま放置したりはしない。すべての事物が関係の中にあり、絆を持っているということは、存在や実体を基礎とする思考形態においては脇に置かれがちだ。しかし、リアルなもの、そして真実在とは、「私とは何か」という問いに拘泥する心を壊そうとするものかもしれない、表現とは関係の中の行為なのだから。

危機的状況において人々は不安と疑心暗鬼に囚われ、乱暴であっても、力強い単純な言葉を使う、強い指導者を求めてしまう。哲学も倫理も、単純で理解しやすく、使いやすい道具としてのそれを求めてしまう。哲学とは、世界と要領よく付き合っていくための道具なのか。しかし徳福一致、すなわち倫理と応報の一致を求める哲学が、ギリシア以来優勢を占めてきた。哲学を探求することが幸せにつながるのだと考えるとすれば、前に進もうとして、始めから後ろに進んでしまっているということではないか。人生は幸せになるためにあるという、わかりやすいが、少しバタ臭い発想で生きることを、私たちは標準型にしてきてしまったのではないか。

新型コロナウイルスという危機が指し示そうとしているのは、理性の限界の果てにあるものなのかもしれない。対面することもできず、考えることも言葉にすることもできないものが、心をぞわぞわと不安に陥れ、すさまじい風を吹き起こす。いかなる宗教であれ、死ぬことに救済を用意している。だからこそ人は死ぬことができる。いや死んでいくことができる。もしかすると、われわれは死んでいくこともできないような生、ゾンビのような生を課せられているのではないか。生とは、生物学的にだけではなく、倫理学的に見ても、死んでいくことができる過程なのである。

哲学は、「善い知らせ」という意味を担いうるのか。もし、いささかでも担いうるのだとすれば、それを語ろうとするべきだろう。

未来は輝いて存在するものなのか。いや未来とは、そもそも存在しているものなのか。そして、存在しているということが、現実に働きかけ、動かすための必要条件なのか。存在しないものが人間に働きかけるための、言葉とは贈り物ではなかったのか。たとえ存在していないとしても、それについて人々が語り合い、伝え合うことで、その伝達そのものが力を持ち、現実を動かすことができる。このことこそ、人間への言葉の捧げ物ではなかったのか。目の前で、言葉をともなって贈られた物には心を留めるが、背後から気づかれないように贈られた贈り物を忘れてしまう。これは意識が感謝によって押しつぶされないための身の処し方なのだろう。非存在は、二重の仕方で贈り物となることができるのである。

未来という非存在は輝いているものなのか。未来についての形而上学があってもよいだろう。未来とは希薄な存在者だ。中世哲学はそれを「縮減された存在（ens diminutum）」と語った。しかし、世界において大きく目立ち、荒々しい力を放ち、物事をバリバリと動かしていくものだけが真実在であるとすれば、世界とはとても貧しい「存在の場所」となってしまう。

自然の中の人間は世界にどのように住み入っていたのか。森に入るとき、樹々と挨拶を交わし、森の精霊たちに心ばかりの贈り物を捧げることは、森と交流しつつ生き、森から生命を養ってもらう人々の基本的ハビトゥスだった。現代人のほとんどが忘れてしまったとしても、縄文人はそうした感覚を持っていたに違いない。

存在とは、無時間的で、永遠の真理という基準をもって汲み取ることができるような「こと」ではない。存在も真理も不変・永遠のものではなく、推移し変移していくものだ。自らとその味方の成功と繁栄と栄華を守りたい者は、価値や善や真理や幸福の永遠性を希（ねが）う。しかし善は、不変で不滅であることによって輝くものではない。生命もまた長いがゆえに尊いわけでもなく、短いがゆえに劣るわけでもない。川を上（のぼ）る鮭は、同じ種の「再生産・生殖（reproduction）」をめぐって、自らの個体とその成長を、同じ種の再生産に費やし、生殖の完遂とともに死んでいき、そして産卵の数量に比べてきわめて少数の個体を後の世代として送り届けるとしても、多くは目的から遠く離れたまま、捕食され、崩壊し、腐敗していく。これは、生命現象における無益すぎると言えるほどの、圧倒的で過剰な豊饒性と言うべきなのか。功利主義者なら、生命を合理的に管理された、最小の労力と費用において効率的に再生産しようとするというヴィジョンを描くだろう。そう、生命は懸命に功利主義に反発しようとするのだ。

ここには、生と死をめぐる考察の重要な論点があると思う。そしてそこにこそ、「愛と性のエチカ」として語りうる可能性があるのだ。愛と性をめぐる非合理性と逸脱性を、呪いとして人間存在から絶滅・排除しようとする者は呪われた存在であろう。

フョードロフとロシア宇宙主義

人はなぜ死んでいくのか。ロシアの思想家、ニコライ・フョードロヴィチ・フョードロフはそのように問いを立てる。

私生児として生まれたフョードロフは、モスクワのソクラテスと呼ばれ、孤独と静謐（せいひつ）のうちに生きた。ガガーリン侯爵の家に召使いとして働いていた母親が、侯爵との不倫によって産み落とした子ども、フョードロフはそれを負い目として背負いつつ生きた。「死すべき運命の自覚と、生まれたことの恥かしさ」、人間精神の傷跡の核となる二つの基本的な心的障害をこう規定している（S・G・セミョーノヴァ、A・G・ガーチェヴァ編『ロシアの宇宙精神』西中村浩訳、せりか書房、一九九七年）。

フョードロフは、「人はなぜ死んでいくのか」という問いを立てる。この問いは、逆の方向から、つまり「人はなぜ生きるのか」という仕方で問われることが多いから、意外ではあるが、その主意はわからないわけではない。ただ、フョードロフの問いかけが、コンスタンチン・ツィオルコフスキー（一八五七―一九三五年）というロシアにおける宇宙開発の父の理念に結びつくことを知ると、いかにも意表を衝く問いに見えてくる。

フョードロフは、人間は道徳的に、より完全なものを目指して創造されたと考える。ここに、ロシア正教にみられる神への限りない向上と接近というモチーフを見出すことができる。しかし、個体としての向上には限界がある。そして、道徳的な向上と、その報償としての生命の長さとが呼応し、人間がどこまでも道徳的に向上するなら、未来の人間は不死になる、とフョードロフは考えた。生きている間の徳の涵養は、生命の期間をより長いものにすると考えたのである。だが、人間が生きている間に、いかに道徳的向上に努めたとしても、限りあるものであり、あくまでも有限な存在である。だからこそ、その仕事を継承する次の世代がさらに道徳的に向上していくというのだ。つまり、人間は際限なく長生きをするようになっていくと考えた。

すると、地上には人類がさらに密集して存在することになる。

ここまでであれば、幸福がどのように道徳性に即して配分されるかという問題として理解できる。道徳的に進化した人々は、地上における幸福を享受しつつ、先祖たちにも、すなわち長命ではなく、幸福を享受することもできなかった者たちにも味わわせたいと思うようになる。そこで、死んだ先祖たちの復活計画に取りかかる。道徳的に進化した人々が全身全霊をかけて挑めば、それはいつかは可能である。そのとき、その祖先たちが住む場所は、この地上にはあまり残されていない。それゆえに、太陽系の惑星に移住し、そこに住むほかはない、とフョードロフは考える。さらに、祖先を蘇らせるには、死体を構成していたすべての分子を再び集めるしかない。だが、身体を構成していた分子は地球上に拡散し、それどころか宇宙空間にまで拡散してしまったものもある。とすれば、祖先たちを蘇らせるためには、宇宙空間から彼らを構成していた物質を宇宙ロケットを巡らせて回収してくるしかない、とも考えたのである。

こうして宇宙開発は、先祖を蘇らせることと、蘇ってもらった後に居住させる場所の確保という問題意識との両方を解決できるわざとなったのである。

フョードロフの心がたどった道筋を再現することはできないが、それをたどり直し、味わってみたいという憧憬に襲われる。普遍性を目指すものは、時には冷淡に見える。周囲の狭い圏域への心配りや気配りのできる者が、「温かい人柄」とされる。しかし、周囲の身近な人に向けられてしまえば、普遍性はローカルなところで力を費やしてしまわざるをえないことになる。普遍的な愛を説教する者の相貌が、情愛に溢れてはいないように見えるのは、情愛の本質が発揮されている証拠なのだ。

サン＝シランの祈りと苦行

医学や科学技術こそが人を救う。しかし死んでいった過去の人を救い出すことはできない。激しい苦しみを、どうしてやることもできない。そんな術(すべ)はないが、病気や苦しみは取り除かれるべき悪でしかないのだろうか。サン＝シラン（ジャン・デュヴェルジエ・ド・オーランヌ〔通称サン＝シラン、一五八一―一六四三年〕）は、病気や苦しみも祈りの一つであると考える。そこには傾聴すべき論点が含まれていると思う。

近世フランスの宗教思想を考える上で、ジャンセニスムを欠かすことはできない。ブレーズ・パスカル（一六二三―六二年）がその思想に深くかかわり、彼の短い人生における最後の時期をジャンセニスムに傾倒し、『パンセ』を著した。『パンセ』は身の回りの紙片に書きとめられたメモの集積であり、最終的には構造を与えられる可能性はあったにせよ、著者の手で一書として構成されたわけではない。しかし、断簡に書かれた彼の思想は、多く人の琴線に触れてきた。

ジャンセニスムは、ペシミスティックな宗教思想だ。人間の原罪（肉欲）を徹底的に罪悪視し、本性が腐敗し堕落した人間は悔い改めることによってのみ救済への道を歩むことができる、というアウグスティヌスに根拠を置く思想であり、そこでは人間の自由意志や主体性は否定されていた。同じ時代に、カルヴィニズムが人間本性の全面的堕落を説いたのと重なる。サン＝シランは、ジャンセニスムを支えた重要な思想家であった。彼は「苦行の神学」というべき思想を打ち立てたのである。*

＊　ここでは、飯塚勝久『フランス・ジャンセニスムの精神史的研究』（未来社、一九八四年）に準拠した。飯塚氏のこの本は、ジャンセニスムの中でもパスカルに隠れて注目されること少なかったサン＝シランの思想を紹介した貴重な業績であり、私自身裨益されることが多かった。

サン＝シランは「ヨーロッパ最大の学者」と宮廷人たちに紹介されたこともあったが、同時代の政治体制への激しい抵抗によって、晩年の五年間を牢獄に幽閉された。牢獄の悪条件から病いに悩まされ、精神の危機に苛まれ、絶えず失明の危険に晒されていた。そうした状況にあって、苦行とは神の賜物であるという発想にたどり着く。病いもまた神からの賜物である、内的な苦行である。祈り、語り、希望し、働き、苦しむのはわれわれではなく、神の霊である、と彼は考えた。パウロが語った「霊の呻き」が、ここにも響いている。

老いは一つの苦行（penitence）である。囚人であれば、それは第二の苦行であり、病人であれば、それは第三の苦行である。もし悩みに憔悴しているのであれば、それは第四の苦行であり、盲目になれば、それは第五の苦行である。

（サン＝シラン「様々な状態に即したキリスト教的生」、飯塚、前掲書、六七頁から）

サン＝シランは、『平俗神学』という一般信者向けの平易なキリスト教入門において、「常に跪いて祈る必要があるのか」という問いに対して、次のように答える。

その必要はない。というのも、祈りについてはいくつかの形態があるからである。第一は言葉（paroles）によるもの、第二に想念（pensées）によるもの、第三は行為（actions）によるもの、そして第四は受苦（souffrance）によるものである、人は常に、これらの四つの形態［のいずれか］で祈れば十分である。

（『平俗神学』八〇―八一頁、飯塚、前掲書、七三頁から）

苦行（penitence）という言葉に、ここで十分な注意を払っておく必要がある。西洋のカトリック神学においても、これがアウグスティヌスに由来する流れを考える場合に中心となる概念なのだ。アウグスティヌスによれば、人間は肉欲に染まった罪深い存在である。この人間観は、タボル山でのイエスの光への変容（『マタイ福音書』一七章三節）、そしてその後に起こった弟子たちの光り輝きという出来事を重視する流れとは一線を画する。

タボル山での変容は、イエスの非物質性と、その本性としての光にあやかる弟子たちの姿とを示す。つまり、人間の消えざる光性を示し、人間のうちにあって消えることのない基本的な神性を重視する東方正教会の傾向は、実はキリスト教において重要な流れを形成している。キリスト教は、カトリックとプロテスタントのみに二分されるのではなく、東方正教会という、逸することのできない重要な流れを備えているのである。

東方正教会の流れが、何かしらアジア性を備えているのに対し、アウグスティヌス的罪悪感は、西洋の思想を決定的に染め上げ、拭い去ることのできない思想の下地を作り上げた。中世後期の唯名論の流れは、とても不思議なことだが、アウグスティヌス主義の復興だった。スコラ神学が隆盛であった中世は、とりわけ一三世紀は神学の教科書たるペトルス・ロンバルドゥス（一一〇〇頃―一六〇年）の『命題集』などを介して、徹底的にアウグスティヌス思想を取り入れているはずなのに、アウグスティヌス主義が隆盛の時代ではなかったという不思議な現象が生じている。

アウグスティヌス主義は、人間の罪深さと、神から与えられた本性の堕落・腐敗・崩壊によって、自らの力では救済に到達しえない人間の状況を踏まえ、神の恩寵の絶対的効力を重視する思想であった。その際、人間の自由や功績などは評価されないのである。神における主意主義、愛の重視、神の絶対的能力の重視などは、そういった神の偉大さの表現だったのである。つまり、人間の卑小さと神の偉大さとの対比の上に、アウグスティヌス主義は成立していた。しかし、アウグスティヌス主義にも多様な形があり、それらが波状的にさまざまな姿をとって現れた。マルティン・ルターが、アウグスティヌス修道会に属していたことも偶然ではない。

今ここで見ているサン＝シランも徹底したアウグスティヌス主義の教団であったジャンセニスムに属していた。ジャンセニスムの開祖であるオランダの神学者、ジャンセニウス（一五八五―一六三八年）は『アウグスティヌス』（一六四〇年）という大著を著すことで、カトリックの中でも反イエズス会の流れに立った。ここはしかし、近世におけるカトリック内部での思想対立を語る場所ではない。今、着目しているのは、サン＝シランがジャンセニスムに属し、受苦を重視したということである。

サン＝シランは当時威勢を放っていた枢機卿リシュリューと対立し、晩年には五年に及ぶ入獄生活を送り、精神的にも肉体的にも途方もなく苛酷な状況を過ごした。牢獄から釈放されたのは、最晩年の一六四三年であり、その八カ月後には死を迎える。本来、サン＝シランの宗教思想において苦行や受苦の意味は大きかったのだが、彼はそれを自分の人生において体験し、実践もしたのである。

苦行（penitence）には、「悔悛、償い、苦行、罰」といった意味がある。現在では、深い後悔を表すことも多いが、本来は秘蹟の一つである告解の秘蹟、悔悛を指していた。告解には罪の赦免がなされても、人間の側からの行為として償いが求められ、それが苦しみをともなうものであったので、苦行の意味にもなった。告解の後の、神による赦し（赦免）と罪の完済とは区別されていたのである。つまり、赦免は神のわざであり、償いは人間のわざなのであって、人間のわざには苦しみが備わっていたのである。

老年、虜囚、病気、憔悴、盲目も苦行なのである。

どのように苦しみを通じて祈らなければならないのか。災い、不幸、災難をじっと耐え忍びながらそうするのだ。その手段は、天恵と恩寵とを招き寄せるのにすぐれたものなのだ。というのも、能動的行為（les actions）が神に対して言葉よりも力強いものであるように、受苦（les souffrances）は能動的行為よりも力強いものだからだ。

（サン＝シラン『平俗神学』。引用者訳）

この四つの形態すら不可能なときには、街路に横たわる乞食のように、おのれの不幸と悲惨を神に示すだけでも祈ることになる。それはちょうど、貧しい者が語ることもなく道路に横たわり、おのれの災厄と貧しさを通行人に曝け出し、援助してもらうために同情を集めることになる場合と同様なのである。

（サン＝シラン『平俗神学』。引用者訳）

神は孤独のうちにのみ宿り給う。……孤独は恩寵を保ち、それを守ってゆくのに役立つ。孤独は、魂を神に似つかわしいものにする。

（サン＝シラン『沈黙、隠棲、孤独』、
前出、飯塚『フランス・ジャンセニスムの精神史的研究』による）

poenitentia（ラテン語、フランス語は penitence「苦行」）は、キリスト教における信者の側での信仰を司る行為・心情として決定的な重要性を有しながらも、いや重要過ぎるためにさまざまな解釈がほどこされ、多重な意味を担うようになった。きわめて濃厚な概念（thick concept）なのである。以前に犯された罪を配慮する徳、悪事によって生じた心の痛み（dolor cordis）、魂の苦さ・苦悩（aegritudo animae）など実に多様な説明が与えられる。基本となるのは、宗教的な罪を犯したことによる苦しみ、それを赦す秘蹟、神から与えられた秘蹟に見合う人間の側での苦行、一般的な意味での苦しみといったような意味合いである。poenitentiaとは、改善（emendatio）、修正（correctio）なのである。

重要なのは、受苦（souffrance）が一方的な受動作用であるのに対して、poenitentia（苦行、悔悛）は、神と人間の側、その両方ともにかかわりがある双方向的な苦しみであるということだ。祈りもまた、一方向的な伝達行為ではなく、双方向的な対話である。自分の願望の成就だけを神仏に祈願する行為がそういった双方向性を持たないならば、それを「祈り」ということはできない。サン＝シランが老いや病気も祈りであると述べたのには、以上のような思想を想定することができる。「老いも病いも苦行」とは、祈りも病苦もコミュニケーションだということなのである。サン＝シランの考えを推し進めれば、死にゆくことも苦行であり、コミュニケーションということになろう。そして、それは肉体の死を、「われらが姉妹（sora nostra, 中世イタリア語であるウンブリア語。ラテン語であれば soror nostra）」と呼んだアッシジのフランチェスコにつながっていく。

殉教者たちの遺跡、刑場跡、墓場、即身仏、十字架のイエス、そういうものに私の心は子どものときから立ち止まり、惹きつけられてきた。それは故郷、湯殿山の地霊が働いたためなのかどうかはわからないが、そこで聞こえてきた声は「絶望を再確認せよ」ではなかった。ヴァルター・ベンヤミンは、瓦礫の上に立つ「新しい天使」を語った。瓦礫の上に立ち、過去から吹いてくる嵐に翼を引きちぎられそうになりながらも、彼は絶望に打ちひしがれていたのではない。

今生じている苦しみもまた、過去の約束の成就であるという発見は、少なくともイエスの弟子たちが絶望の後に再結集した機縁であっただろう。過去の出来事の中に約束を見出すということは、簡単なことではない――エーリヒ・アウエルバッハ、ヘイドン・ホワイトがこだわった「フィグーラ」とは、そういった新しい歴史観への誘いであった。

現実の苦難を乗り越えていくためには、今与えられている苦しみもまた、無意味な偶発性ではなく、約束として輝きだすための萌芽なのかもしれない。私はそこに未来に向かうための風

（プネウマ）が噴き出す開口部を見出したい。

ベンヤミンの思想は、私にもいつも愛おしい。彼の言語論（「言語一般について、また人間の言語について」）、暴力論、歴史哲学など、どんな時も心に響く。とりわけ、ドイツ悲劇、彼がバロック悲劇と呼んでいる一七世紀の悲劇群について書いた『ドイツ悲劇の根源』（上下、浅井健二郎訳、ちくま学芸文庫、一九九九年）は心に刺さる。

一九二五年、教授資格申請論文として提出された際の予備審査で、否定的評価と撤回勧告を受け、公式の不合格判定を回避するために申請を撤回した論文である。バロック悲劇の根本的イメージを廃墟や瓦礫として捉え、歴史上の出来事は、凋落により、ただひとえに凋落によってのみ舞台に入り込むという彼の悲劇観は、滅亡やはかなさをその思想の中心に据えた彼の精神の布置を表している。

そういった滅びゆく存在者へのまなざしを典型的に表しているのが、「新しい天使」という存在者たちである。

カバラが物語ることによれば、神は毎瞬無数の新しい天使を創造しており、これらの天使たちのおのおのは、もっぱら、神の玉座の前で一瞬神の讃歌を歌っては無の中に溶け去っていく定めにあるのだという。

（ベンヤミン「アゲシラウス・サンタンデル」、
『ベンヤミン・コレクション７』浅井健二郎編訳、ちくま学芸文庫、二〇一四年）

ベンヤミンが呟いた「新しい天使」、瞬間ごとに現れて、神への賛美を歌い終え、消えていく無数の天使たちの一つ一つに〈このもの性〉が宿っていて、それらはすべて無駄に消滅していくのではない。天使も人間も〈このもの性〉を備えている。短くても、突然であっても、無駄に（frustra）苦しみ、無駄に哀しみ、無駄に死んでいくわけではない。

この「新しい天使」のイメージは、彼の歴史観を決定するものともなっていた。

「新しい天使」と題されたクレーの絵がある。それにはひとりの天使が描かれていて、この天使はじっと見詰めている何かから、いままさに遠ざかろうとしているかに見える。その眼は大きく見開かれ、口はあき、そして翼は拡げられている。歴史の天使はこのような姿をしているにちがいない。彼は顔を過去の方に向けている。私たちの眼には出来事の連鎖が立ち現われてくるところに、彼はただひとつ、破局だけを見るのだ。その破局はひっきりなしに瓦礫のうえに瓦礫を積み重ねて、それを彼の足元に投げつけている。きっと彼は、なろうことならそこにとどまり、死者たちを目覚めさせ、破壊されたものを寄せ集めて繋ぎ合わせたいのだろう。ところが楽園から嵐が吹きつけていて、それが彼の翼にはらまれ、あまりの激しさに天使はもはや翼を閉じることができない。この嵐が彼を、背を向けている未来の方へ引き留めがたく押し流してゆき、その間にも彼の眼前では、瓦礫の山が積み上がって天にも届かんばかりである。私たちが進歩と呼んでいるもの、それがこの嵐なのだ。

（ベンヤミン「歴史の概念について」『ベンヤミン・コレクション1』
浅井健二郎編訳、ちくま学芸文庫、一九九五年）

浜辺に打ち寄せる波は、いつも同じような姿をしていながら、常に新しい。太陽の光の下で、海を見ていると、波の中にさまざまな対象が現れてくる。波から生まれいでる光の子たち。次から次へと無数に生まれて消えていく。瞬間の中に現れ、瞬間の意味を伝えて、その輝きは残像の贈り物だけを残して消えていく。際限なく現れ、そして瞬間の輝きの後、消え去っていく。これはどこかで見た光景だ。初めて見た光景だが、どこかで見たことがある。

これはベンヤミンの海だ。現れては消えていくもの、そのはかなげに見える存在者は、リアルでもアクチュアルでもないと見なされている。リアルなものとは、大地のように永遠不動なもの、アクチュアルなものとは、巨大な乗り物や、空や陸や海を人々や物品を擁しながら滑走しているものと考えられている。

一瞬のうちに現れ、束の間の働きののち、たちどころに無に帰してしまう存在者たちを、ベンヤミンは「新しい天使たち」として表象する。ベンヤミンはそういったあり方こそ、はかないアクチュアリティこそ、真実のあり方だと述べる。朝の光の中で無数に明滅する光の子らのように。

いや、ベンヤミンにのみ回収されてしまう海ではない。存在とは海なのだ。存在とは実体の無限なる海なのだと古来語られてきた。太陽は無数の〈光の子〉たちを受け入れ、海はそこに含まれる一粒一粒の滴を受け入れているのだ。そういうヴィジョンが成立するのであれば、それを存在にまで拡大してもよい。

ドゥンス・スコトゥス（一二六六頃―一三〇八年）は、「存在の海」を語った。目の前の光景は、「ドゥンス・スコトゥスの海」であってもよいはずだ。ドゥンス・スコトゥスは、「いかなる被造物も形相的に、神に受容されるべきではない」と語る。「形相的に」（formaliter）というスコラ哲学を悩ませ続けた概念について、簡単に言ってしまえば、「実体に備わる属性・規定を踏まえて」ということだ。人間であれば、身長や運動能力や暗記力や顔立ちや、そういったすべてのことだ。

神が人を受容する根拠はそういったものではない、とスコトゥスは言う。善い行為とその成果ゆえに、戒律を守ったがゆえに受容されるのではないと考える。形相的に受容されるのではなく、「人」そのものを、そこに備わる性質や行った結果によってではなく、神は受容し、受け入れると考える。その人の「すべて」と言い換えてもよい。それらは人によって異なる。おそらくそうした個別的なあり方を、スコトゥスは〈このもの性〉と言い現したのだろう。それは自分自身の中にある「芯」のようなもの、視線の発出点のようなものかもしれない。決して自分では見えないもの、隣人にもまた見えないものだ。

三〇代後半、死に先立つパリ時代において、既に体調不良を自覚していたのか、スコトゥスは〈このもの性〉を語り、神による受容を語った。その後、ケルンの神学校に派遣され、同地で四三歳の短い人生を閉じる。

形相性の中に目的はない。これを言い換えれば、自分自身のうちには功績も正義も目的もないということだ。しかし、それは目的の欠如を語っているのではない、この辺りが一番わかりにくいところだが。

すべてが受容されるのであれば、目的の中に回収されるものだけが、存在者なのではない。「特に好きなものはありません」。そうした答えが、何一つ好きなものがない者にも、すべてのものが好きな者にも共通の答えになってしまうように。しかし、生まれいでた者が救済される条件は、生きて何か善いことをすることではなく、生まれいでたこと、そのことではないのか。

これは人間的言説において流通させるべきことではない。倫理学を自己溶解させてしまうからである。だが、生まれいでる奇蹟が呪われるべくあるということは、存在の自己破壊である。存在は祝福されていなければ、存在とは言えない。

存在の海

存在が海であること、それは存在が〈器〉でもあるということだ。漬け物だけを容れる器、お造りだけを容れる器、それはそれでよい。すべてのもの、小さなものも、途方もなく大きなものも容れられる器、そういう器に目的はない。

器の受容性とは、そこに入るものを守り育てるための受容性である。何でも入る雑器は作るのが難しい。

目的が後から現れる、後から見えてくることを、芸術学者のロビン・コリングウッド（一八八九―一九四三年）は、後ろ向きになって、背中のほうから後ずさりするように未来に向かうことに喩えた。未来は見えない。過去を踏まえて、見えない未来に向かうしかない。過去の栄光を反復していれば安全だが、そこには前進はない。過去の自分の足跡に、自分が何を目指しているのかが見えてくる。だからこそ、最初に存在していたものが最後に現れるという逆説がごくあたり前に成立する。人生の目的を目指して生きようとするのは、宝くじ売り場で「一億円のあたる宝くじを一枚ください」と言うようなものだ。

目的のなさとは、時間を意識し、時間を制御し、それを言葉で伝えられるようにし、その表現が残る道筋を見出した者のための、道案内なのである。不確かな道案内として憤る者もいるだろう。

人間がこの世の法則から逃れうるのは、閃光（せんこう）のひらめく一瞬にすぎない。停止の瞬間、観照の瞬間、純粋直観の瞬間、心的な真空の瞬間、精神的な真空を受容する瞬間など。これらの瞬間を介して人間は超自然へと開かれうる。

（シモーヌ・ヴェイユ『重力と恩寵』冨原眞弓訳、岩波文庫、二〇一七年）

いかなる出来事も結果によって、いや正確には結果を表象することで均衡を取り戻すことができる。

しかし結果は、原因に対して均衡や対称性や報いをもたらしはしない。報い、報酬、意味、目的もなく、そこには虚無がある。それをシモーヌは「真空」と呼ぶ。この真空を、シモーヌは、近世初頭のスペインの思想家、十字架のヨハネ（一五四二―九一年）の「暗夜」と結びつける。暗夜、それは魂の暗闇であり、何も見えず、虚無、奈落である。「この真空はわれわれにとって、いかなる充溢せる善よりも充溢している」（シモーヌ・ヴェイユ、同書）。

暗夜、真空、虚無という表象の系列と、一瞬に消え去っていく光たち。宗教者が古来、人々の代わりに祈る者であったのは、彼らが世間の人々の目的連関の筋道から逸脱して生活する人々だったことと関係があるような気がする。彼らは、「異形（いぎょう）の者」として祈る。異形の者は通常の幸福の探求から遠いところに位置している。

手段・目的という連関から離れ、「真空」と「暗夜」の中で祈る者が、シモーヌの姿だと思う。

いいことをして褒められたい、子どもじみているけれども、圧倒的に多くの人が、そういった図式に染まりながら生きている。親から愛され、育てられたときの記憶を忘れられなくて、その過去の記憶に戻ろうとする。

死に向かうとき、そういった親に褒められた過去のヴィジョンに戻っていくというのは、死とは母の胎内に戻っていくことだという、過去からの根源的ヴィジョンを遺伝として受け継いでいるためなのだろうか。

シモーヌは、その図式を破壊し、「真空」という概念を対峙させる。その破壊力は、希望や創造にも結びつく。しかし、シモーヌは、自己破壊に向かう。シモーヌは、苦痛に喘ぐ十字架上のイエスに倣いながら、その栄光の姿に近づこうとして、慢性的な栄養失調と過労からくる衰弱の中で執筆に没頭し、痛みと苦しみを求めるかのように、激しい険しい道を突き進み、三四歳という短い人生を閉じた。その苛烈さが心に痛い。

私は、シモーヌの激しい思いに胸を傷める。私は、彼女の思いに心を遣りながらも、「存在とは海」と祈りたくなる。海から現れ、海に戻っていくことが一瞬の光のごときものであるとしても、それは「瑕」（ダイヤモンドの瑕）のごときものではなく、〈このもの性〉を宿している、と私は思う。

貢物に対して、それに見合うように施される恩恵

与えられたものに対しては、相応のものを返礼すべきという等価性の原理は、負い目や義務をもたらす。しかし、神が貢物に対してそういった返礼を施す義務が、なぜあるのか。フランシスコ会の神学者たちが、神の自由や偶然性を重視し、主意主義を主張したのは、神に負い目を課すこと、なぜ人間の願いに応えてくれないのか、というクレームが神に及ぶことを退けた

からだ。答えない神、沈黙する神、祈りを聞き届けない神は隠れたる神（Deus absconditus）として恐れられた場合もある。しかしながら、神は人間のために存在しているとは限らない。人間の願いを聞き届けるための存在は、人間にとっての召使いでしかない。つまり、願いをかけ、それをかなえてもらうという発想そのものが実に傲慢なのである。もちろん、そう思わずにはいられない心情の必然性に、理解が及ばないというわけではないとしても。

超越者は、常に見誤られるものである。見誤って、存在していないのに見てしまうもの、それを私はオブジェクトとして語る。リアルなものとオブジェクトとは常に差異を有し、その差異が人間を活動へと駆り立てる。

荒れ果てた墓地での祈りが約束となって、未来の出来事を引き起こし、一書となってその約束の成就が果たされる場合がある。

間奏の章2　言葉と肉体と風

音読

一五年ほど前のことである。大学に入ったばかりの新入生に西田幾多郎の『善の研究』を教えてみようと思い立った。それも第二篇の中心部分である。音読を取り入れようというのが、私の狙いだった。十数人の小さな演習の授業である。まずテキストを区切って、最初に全員で三頁ぐらい音読する。感想を聞いてみる。まるっきりわからないという。西田を勉強するためのゼミではなく、一年生が全員所属するフレッシュマンゼミである。シラバスに内容は予め書いてあったが、哲学に関心がある必要も、哲学の予備知識も要らないと書いておいた。当然の反応である。

音読しただけではさすがに不親切だから、内容を解説する。西田の人生や、「主観、客観、直接経験、真実在、直覚」といった用語を解説して、その上で文章の意味を説明する。「主観と客観は分離しているように見えるが、直接体験では一つの未分化な状態として現れる」などと説明すると、一度読んだだけの後には、「はあ?」という顔だったのが、今度は「うーん」という顔になる。

その上でもう一度、みなで音読する。最初よりも声が大きく出ているし、揃っている。

直接経験の上においてはただ独立自全の一事実あるのみである、見る主観もなければ見らるる客観もない。恰も我々が美妙なる音楽に心を奪われ、物我相忘れ、天地ただ嚠喨たる一楽声のみなるが如く、この刹那いわゆる真実在が現前して居る。

(西田幾多郎『善の研究』岩波文庫、二〇一二年)

この辺は読み上げていても気持ちがよい。この一節の中でも、「物我相忘れ、天地ただ嚠喨たる一楽声のみなるが如く」のところで声を出して読んでほしい。学生たちもこの辺りは声が大きくなってくる。音の響きの中に、直接体験における主客合一が感じられる。概念がイメージを引き起こすよりも、響きがイメージを引き起こしている。音の響きの中に、光景が現れるのだ。西田が日本海の砂浜に向かうときに、松林の風の音や砂浜に座って聞く波の音が響いてくる。学生は「風景が浮かびます」という。「それがわかったということだ」と返してあげる。

声の肉

概念なき哲学は可能なのかどうか。経典や詩篇の読誦や典礼が意味なき呪文としてではなく働くように、言葉も肉体に直接働きかける通路を用意しているのかどうか。哲学を知性を介して理解する前に、体で体験することはできるのではないか。それもまた哲学との出会いのはずだ。私は哲学書を音読することこそ、開かれた出会いにつながると思う。哲学書は音読されるべきもので、そのとき哲学に向きあう肉体は身を開く。

概念が理解されるということは、そこから真なる命題を作れることだと考えられている。哲学の専門家は、難しい概念をつなぎ合わせて、真なる命題から構成される論文をいくつも作り上げることを求められる。

哲学を理解することは論文を作ることではないし、それを求められるわけでもない。暗記して風呂に入りながら、いや砂浜で風に吹かれながら口ずさんでみることもできる。しかし、テキストをそのまま風景が浮かぶまで繰り返し読んでみるのもよい方法だ。いや、風景が浮かばなくてもよい。経典を読むように響きを楽しむだけでもよい。中世のスコラ哲学の浩瀚(こうかん)なテキストを目に、読み方に難渋し、あまりに時間不足の中で絶望しているとき、音読することは一服の涼を得るに等しい。音読によってスコラ哲学が直接声として体に染み込んでくるような感じがする。そのとき、声は声の風（flatus vocis）ではない。肉を持っている。

直接、言葉が体に入り込んでくる、この感覚は、どこかほかのところでも味わった気がする。例えば、光明真言（こうみょうしんごん）。「オン　アボキャ　ベイロシャノウ　マカボダラ　マニ　ハンドマ　ジンバラ　ハラバリタヤ　ウン」。戦場の跡、処刑場、非業の死を遂げた人々の墓といった血だらけの痕跡としての霊場で線香を手向け、光明真言を唱えるとき、何かが体に入り込み、刻みつけられ、染み込んでくる。もちろん、それはただの思い込みであって、青空の下にさわやかな風が吹いているだけだ。おどろおどろしく感じるだけかもしれない。だが、この具体的な肉体の感じは何か。

超越概念の粗さ

目の前にいる人間からの、自分への突然の悪口や罵詈雑言、それを聞くと、こめかみの血流や胸の動悸、のどの奥が乾いてヒリヒリする感じや、「ああ、またあの感じだ」といやな身体感覚が湧き起こる。何度これを経験してきたことだろう。悪意を醜くぶつけてくる人、自己という深淵の底からヘドロのように湧き上がってくる悪意をぶつける人を前にすると、肉体のほうが先に反応する。

言葉を武器として使う人々は、激しい言葉を使って、できるだけ深く心に傷をつけようと、切り込んでくる。言葉と刃物と、どちらが鋭いのだろう。

体に斬りかかってくるように思われる言葉、それは直接的に体に斬りかかってくるわけではない。それは自転車に乗り、角を急いで曲がって、突然自動車に出会ったときの反応とは異なる。冷や汗と毛の逆立つ感じというより、のどの奥が徐々に焼きつき始める感じに似ている。脳は思い出している。

海馬は、その膨大な記憶の整理棚から、似たような記憶を取り出してきて、「これと似ているよ」と教えてくれる。他者の攻撃性に面した場合の心と体の構え方、つまり臨戦体制をとるように体に命じる。そして、私たちは目の前にいる人、この前まで友人だと思っていた人が、利害対立によって敵に変じたことを知る。

呆然としている心とは対照的に、体は目の前に敵がいるのだと、心の持ち主に一所懸命教えようとする。心はわからないのに、体は確信している。心は麻痺しているのに、体だけが感じてしまう。

目の前にいる、いや触れ合い一つになっている相手に対しても、言葉を交わしながら、言葉によってではなく、体が他者を認識することもある。他者が他者であるのは、相手がロボットやＡＩではなく、意識が相手に宿っていることを認識しているときのはずなのに、目の前に死んだはずの恋人がそっくりな姿で現れるときに、取り憑かれたり、心を奪われたりするのはなぜなのだろう。言葉は体の脇を通り抜けていく風ではない。痕跡をしっかりと残す。

しかし、意味や形相ではなく、質料のほうが、人間の質料的側面である肉体に働きかけ、それを導管として意味を伝えるときもある。質料性が濃くなるのは、内包としての規定が薄い場合、外延において広く、内包を持たない概念の場合だ。超越概念（存在、一、善、真、もの、或るもの）は意味が薄く、そのために、意味として心に刻まれるのは難しいはずだ。しかし、哲学の難問がアリストテレス以来、超越概念をめぐるものが中心であり、そうであり続けているように、超越概念は意味においてではなく、心に刻み込まれる。

哲学の概念は目の粗い網だ。目が細かければよいわけではない。細かすぎるとわずかな水しかすくえない。すぐに破れる。形而上学の概念、特に超越概念は途方もなく粗い。しかし、それは概念が概念としてあるための条件を如実に示すためだ。

存在と言葉

〈存在〉は言葉によって語られるのか。いや、言葉は〈存在〉を語ることができるのか。そう問いたくなるのは、〈存在〉こそ語ることの可能性の条件のように見えるからだ。言葉が〈存在〉を語るということは、何に似ているのか。私たちが父母を産み出すこと、それどころか地球や宇宙を産み出すことと似ているのかもしれない。それは途方もないことではない。ライプニッツのモナドは無限の宇宙を表現し、そういった無限のモナドによって構成される宇宙を一つ一つのモナドが表現することで、モナドの中には、幾重にも重なる無限性の層ができているのだ。モナドの表現とは、関数的な対応関係というよりも、肉体が肉体を貫くこととも言えるのではないのか。〈私〉とは、光源ではなく、奈落、根底、暗闇、深淵なのだ。底を見ると、コギトも自己もなく、闇だけが広がっている。自己が自己に語りかけるとき、深淵が深淵に呟きを投げかける。そして、呟きだけは暗い谷底に響き渡る。

言葉が〈存在〉を語ってしまうことは途方もないことだ。形而上学は、存在である限りの存在（ens inquantum ens）を探求する。これは宇宙を支える亀が自分の足もとを見ようとすることに似ているのではないか。〈存在〉は己を求めるあまり、自分自身の中にめり込んでいこうとする。

この絶望的な努力の中では、〈存在〉が希薄なものであり続けるのではなく、粗い網でありながら、そこに膜が張り、硬化して、いつのまにか織り地となり、ついには壁になっていく。そして、言葉はその堅い壁に消えない傷を残す。

第三章　死者とともに住む村

人生と墓

「子無し夫婦の墓」問題という、あるネット記事への投稿を読んで、感じるところがあった。墓ということをめぐっては中島美千代『土に還る――野辺送りの手帖』（ぷねうま舎、二〇二〇年）を読む機会があり、書評にも取り上げたことがある。公営の火葬場がどの市町村にも完備するようになって、野辺で火葬にする風習は廃(すた)れてしまった。土葬にする地域はもっと少ないだろう。私が子どもの頃にも火葬の習慣は少なくなり、ときどき学校の窓から火葬の臭いが入ってきて、人を焼く臭いは嫌だなと思ったことが何回かあるほどだった。

私の実家がある村は、本道寺（ほんどうじ）と言ってかつては湯殿山系の修験道で賑わった地域だが、谷川沿いの狭い平地にできた集落なので、平地は少なく、墓地も村はずれの崖のところに設営するしかないから、土葬にする余裕もなかった。

湯殿山は即身仏信仰で知られ、生きたまま土中に入り、即身仏を目指す修行者がたくさんいたという伝説が残っている。生きたまま土中の穴に入り、息絶えるまで鐘を鳴らし、鐘の音が聞こえなくなったら竹筒での空気穴をふさぐ、という伝承があるとされるが、昭和時代になって作られた伝説かと思われる。

生きたまま土中入定（どちゅうにゅうじょう）を目指した新潟県村上市の仏海上人（ぶっかいしょうにん）の事績は明治時代のことで、記録に残っているので、それが他の即身仏の経緯や作法にもぬぐいがたい影響を及ぼしたようだ。仏海上人も、即身仏になるための伝承も資料もほとんどないまま行法を自分で工夫創案された。伝統的な即身仏修行法は存在していないのである。現存する即身仏のほとんどは、死後、埋葬する前に人為的な加工を施してある。もちろん結跏趺坐（けっかふざ）したまま土葬にしたのが即身仏として残り、それを掘り出した事例もあるのだろうが、多くは即身仏として作成した姿なのである。もちろん、そのためには生前から五穀断（ごこくだ）ちや湯殿行（ゆどのぎょう）という苦行を経ていなければ、死後腐敗するだけであるから、即身仏として残っている方々はそういう激しい修行を積み重ねた人であると想像できる。

即身仏信仰は、湯殿山の中でも日本海側の寺院（表口と言われる注連寺、大日坊）での修行僧（一世行人）に見られるもので、内陸側の寺院（裏口と言われる本道寺と大日寺）にはほとんど見られなかった信仰形態である。なぜ湯殿山の中でも即身仏は表口にあり、裏口にはないのか、そして江戸時代のある特定の時期に集中しているのか、さまざまな研究がなされてきた。私は地元に育った人間として関心を向けてきて、地元の遺跡や墓を歩き回り、文献を読み、住職たちの出身地の墓地や墓碑も調べて回った。

そういった関心は、実は小学生の頃に培われた。小学校のあった場所が、本道寺という寺院の別当の敷地に建てられていて、学校の裏には寺院跡（廃仏毀釈によって神社となっていた）があり、住職たちの立派な墓地が山の崖の道沿いに立ち並んでいたのである。雪深い山間の過疎地で村人も少なくなった村に、村人よりも多い数の墓石が、しかも大人の背ほどもある立派な墓石が行列のように立ち並んでいれば、生きた人の世界よりも、死んだ人々の集まりのほうが賑わいを見せるようなところだった。

同級生が七人、途中から六人になるような小さな小学校は、生きた人間だけでは遊び友達に足りなさを感じる場所だった。そういう環境で育ったせいなのか、霊場、墓地、幽霊、即身仏、刑場、殉教地というものにずっと心惹かれてきた。

死とは何なのか、殉教地や刑場など、途方もなく多くの人々が苦しみの中で悶えながら死んでいった場所は何ものかを漂わせているのか、人は死後何ものかを残すことができるのか、そういったことを確かめたくて、そうした地を訪れたりした。意識して、そんな地を選んだわけでもなく、いってみたい場所として心に浮かぶのがそういう場所だったということなのだ。そういう場所が何も漂わせていないことを確認しに、つまり「不在の確認」に赴いたのだ。

「不在の確認」とは、存在していないことの確認にとどまるわけではない。哲学者の生まれた場所、育ち、学んだ場所、眠る墓地、そういったところに何か哲学的なものが宿っていることはない。哲学は世界の中に遍在し、哲学的に濃度の高い場所などどこにもあるはずがない。哲学する人が、個々にその始原を見出し、育て、自分の精神で育てるしかない。だから不在ということは、見出すべき場所、見出すとしたらそれがどのようにして可能なのかを考えさせる場所なのである。不在こそ、存在を顕著に際立たせる条件であることに気づくようになった。

霊場における死者の気配の不在は、死が何であるかを直観させる可能性の条件であるべきなのである。それが死者たちの贈り物であり、それが死者の霊なのである。不在と非存在も贈り物となりうる。清澄なる気配に死者の怨念を感じ取れないと嘆く代わりに、死者が人格（ペルソナ）としてとどまっていないように見えて、別の意味でのペルソナとしてとどまっているかもしれないことへの暗示を見出してもよいのである。

トマス・アクィナス（一二二五頃―七四年）は、三位一体、つまり父・子・聖霊という三つのペルソナが実体において一なるものでありながら、ペルソナ（位格）において三つであることを説明する場合に、ペルソナを「留まるものとしての関係（relatio ut subsistens）」として説明した。トマスは、アリストテレスに由来するギリシア哲学を継承したと整理されるけれど、むしろ関係を重視する思想を明確に述べていた。たしかに、関係だけが自存することは普通には考えにくい。AさんがBさんの左にいるとき、「左」という関係がAもBもいないときに自存したり、AがBを愛するときに、AもBもいないのに愛だけが存在していると考えることはたしかに難しい。しかし、世界が関係の網の目で、網の目を作る結び目が人間であって、その人間が絶えず交替し、流動変化している光状の格子構造のようだったらどうなのだろう。愛や友情や正義や平和というのは、流動する世界の中に残るリアルではないのか。

関係の網の目の中の人間

「私とは何か」という問いによって求められている、ビー玉か勾玉(まがたま)かダイアモンドのような、世界の中心にありそうな硬い球体ではなくて、流れゆく関係のほうが、真の存在であるとしたらどうなのか。魂（プシュケー）ではなくて霊（プネウマ）のほうが真の存在であって、人間の運命が魂的存在体から霊的運動体への変身であるとしたら、それこそ庵野秀明が『エヴァンゲリオン』で描き続けたような世界観がえられるかもしれない。魂か霊か、実体（項）か関係か、それは形而上学の根本問題であり続けてきた。ギリシ哲学は実体を重視し、新プラトン主義、イスラーム神学、キリスト教神学はあくまで霊や関係を重視する。近世以降この傾向は進んだのか、衰えたのか。二〇世紀以降、人々は迷い人としてある。

> 生きるというのは難しい問題だ。人間とはさまざまな関係がひとつに合わさる結び目でしかない。それなのに私をつないでいるもろもろの絆は、もはや大して価値のないものになってしまっている。
>
> （アントワーヌ・ド・サン＝テグジュペリ『戦う操縦士』鈴木雅生訳、光文社古典新訳文庫、二〇一八年）

サン＝テグジュペリ（一九〇〇―四四年）は戦争（第二次世界大戦、フランスとドイツの戦い）において偵察飛行任務を命じられ、敵機による撃墜の危険性を意識しつつ思索を重ねる。飛行士と作家、普通だったら大きくかけ離れた二つのことを彼は結びつける。空を飛ぶことと書くことはまったく一つなのです、と。

平和なときであれば、結びつき意味をなしていたものがすべて崩壊し、瓦礫になってしまっている。ベンヤミンが見たような現実のヴィジョンがここにも現れる。そういう全面的崩壊を目にしながら、なぜ命がけで偵察飛行に向かうのか。そこに現れてくるのが人間はさまざまな関係の結び目であるというヴィジョンだったのだ。激しい集中砲火を浴びて、いつ墜落するのかわからない状況で、彼は自分という存在の意味に遭遇する。

自分の息子が火災に巻きこまれたらどうする？　もちろん助けようと火に飛びこむだろう。誰にも引き留めることはできない。自分も火傷を負う。だがそれをなんとも思わない。肉体という着古した衣など、喜んで差し出す。そして気づくのだ、かつてあれほど大事だと思っていたものは、実は執着の対象では全くなかったということに。行く手を阻む障害物があれば、自分の肩を誰かに売り渡してでも、肩で体当たりをするはずだ。自分というものは、肉体ではなく行為そのもののなかに存在している。己の行為こそが自分なのだ。それ以外のところに自分はいないのだ！　己の肉体は自分のものではあるが、もはや自分自身ではない。……そのとき、自分という存在の意味が燦然と輝く。その意味とは、義務であり、憎しみであり、愛であり、誠実さであり、発明である。それ以外のものはもう自分のなかに見出せない。

戦火は肉体の価値を失墜させただけでなく、同時に肉体に対する無条件の崇拝をも失墜させた。人間の関心はもはや自分個人には向けられない。自分が結ばれているもの、それだけが重要なのだ。たとえ死ぬとしても、そこから切り離されることはない。それと一体となるのだ。たとえ死ぬとしても、自分を失うのではない。自分を見出すのだ。

（前掲『戦う操縦士』）

たとえ死ぬとしても自分を失うのではない、自分を見出すのだと語る。自分という存在の意味が賭けられているとき、身体の問題以上の大切なものが現れてくる。自分が結びつけられているもの、それだけが重要なのだ。

人は死ぬのではない。これまでずっと死を怖れていると思いこんできた。しかし実際に怖れているのは不測の事態、爆発だ。自分自身を怖れているのだ。死は？　いや、怖れていない。死に出くわすときには、もはや死は存在していないのだ。……肉体が崩れ去ると、本当に大切なものがあらわれてくる。人間はさまざまな関係の結び目だ。関係だけが人間にとつて重要なのだ。

（同書）

死は、新たな自分自身に生成変化するために必要なものだった。本当の愛とは、激しい感動をともなうものというよりは、たえず新しい自分を作り出すことを可能にしてくれる、複雑に絡み合った絆としての愛なのだ。

留まるものとしての関係、関係の網の目、これは昔から何度も語られてきた。『華厳経』の事事無礙法界や、それを踏まえて語られる「帝網」（空海『即身成仏義』）もそれに重なる。スピノザが『エチカ』で語る無限実体も、これである。

土に還る

中島美千代『土に還る』には、福井市獺ケ口の年寄りたちの言葉が織り込まれている。

やがて葬儀の話におよぶと、喪家に金がなくても葬式ができるように、香典の他に食材などを持っていくと谷口が言う。他人、遠い親戚、家中が悔やみにいくような近い親戚と、順に負担の量が決まっている。香典のほかに食材などを持っていくというのはいいなと思う。濃厚な人の匂いと温もりを感じる。それぞれの畑からとったばかりの野菜がサッと泥を払われて玄関に並ぶ光景が目に浮かぶ。同じ野菜が集まっても、主婦の腕で幾種類もの惣菜になっていく。宮本は黙って聞いているのだが、ときどき谷口の話を訂正する。すると二人は「そうやったけ」、「そうやさ」と言い合い、合意の結果を谷口が語ってくれる。「おれは村で焼いてほしいなあ。この村の土になりたいで」。

（前掲『土に還る』）

土に還るとは、存在の網の目になってその場にとどまり続けることだ。土の中に眠る人々は、刑場の跡地でも、原爆の投下地点でも、声を上げて訴えてくることはない。だが、われわれはその声を求めている。死者たちに対して、われわれは安らかにお眠りくださいとばかりではなく、呪いと怨嗟（えんさ）の声を挙げよ、と訴えたくなる。死人に口なし、と暴虐を重ねる生者たちを見るとき、死者たちの声を聞きたくなる。生きている者に、死者たちの声は虫の音や風の音としては聞こえていないのかもしれない。だがそれでも、感じるのだ。

殉教者たちの刑場跡では、人々を殉教者たちの信仰から引き離すために極限の苦しみを経て死に赴くような責め苦を与えた。殉教者たちの苦しみと痛みの記憶は、張り裂けそうな胸の苦しみを表象のうちに残し、揺曳（ようえい）し続ける。揺曳、ゆらゆらとたなびき、あとまで長く尾を引くこと、春先の霞たなびく雲か、何らか人魂のイメージなのだが、それこそ倫理学が姿を現す言葉でもあると気づいて、心が留まった。

アリストテレス『ニコマコス倫理学』の始めのところに、倫理学にあまりの厳密さを求めてはならない、と記してある。厳密で普遍的で一貫性のある姿こそ学問のあるべき姿と思う者には、はなはだ気を削ぐ言葉である。倫理学には「揺曳」が付き物だからとある。揺曳はギリシア語ではプラネーであり、ラテン語では error と訳された。error では、「誤謬、誤り」ではないか。ギリシア語のプラネーは、「漂流、漂い、彷徨」の意味である。ラテン語の error も「誤り」という意味ばかりでなく、ギリシア語と同様に、彷徨し、さ迷い、漂うことをも含意している。厳密学にあっては、「誤謬、誤り」も緩やかな人間的意味を失ってはいなかったのである。

その際、しかし、われわれの対象の素材に相応した程度の明確な論述がなされるならば、それでもって充分としなければならないであろう。というのは、いかなるものを素材とする論述においても同じような仕方で厳密を求めるということの不可であるのは、もろもろの工作品の場合におけると同様だからである。政治学の考察の対象であるうるわしいことがらとか正しいことがらとかは多くの差異と揺曳を含んでおり、それはひとびとをして、かかるものは単に人為的にのみ存して本性的には存しないものであるかの感を抱かしめるほどである。「善きもの」「善きことがら」といっても、やはり、このような揺曳といったものを含んでいるのであって、いろいろの善からかえって害悪が生じている例も決して少なくはない。これまでも、或るひとびとはその富のゆえに、また他の或るひとびとはその勇敢のゆえに滅んだのである。われわれは、それゆえ、かかる性質のことがらを、かかる性質の出発点から論じて、だいたい荒削りに真を示すことができるならば、つまり、おおよそのことがらを、おおよその出発点から論じて、同じくおおよその帰結に到達しうるならば、それをもって満足しなければならないであろう。それぞれの論議を受けとる側においても、だから、やはりかかる態度でのぞむことが必要である。すなわち、そのことがらの性質のゆるす程度の厳密を、それぞれの領域に応じて求めることが教育あるものにはふさわしい。その場かぎりの仕方で語ることを数学者にゆるすことが不可ならば、弁論家に厳密な「論証」を要求するのも明らかに同じようにあやまっているのである。

（アリストテレス『ニコマコス倫理学』上、第一巻第三章、
高田三郎訳、岩波文庫、二〇〇九年）

漂流するとは、軌道から外れること、正しい道から外れることだ。もし倫理学が、個別的事例に例外を認めず、一般原則を適用することを業務とするのであれば、機械的に規定的に原則を適用することを本務とするのであれば、倫理学に漂流も揺曳も登場することはない。

逸脱、漂流、揺曳は、適用をこととする学問の不完全性なのか。もし倫理学に完全無欠さ（インテグリティ）を求めるのであれば、逸脱は学問としての倫理学の瑕疵（かし）である。完全無欠であ

ること、それは古代ギリシア、古代ローマにおいて、戦士として戦う者には不可欠の条件だった。武具を自分で取りそろえ、それを使いこなし、それを担う体力と健康状態を維持し、戦場にまで自費で赴くことのできる者、そういうものこそ、インテグリティを備えたものだったのである。備えるべき項目としての徳（アレテー）は、倫理学的な徳目であるばかりでなく、刃物であれば切れ味こそ、刃物のアレテーであるというように、武器としての強さを示す徴（しるし）だったのである。それらをすべて備え、弱点を持たないことがインテグリティだったのである。

倫理学は完璧な人間を目指せと言うのか

「インテグリティ」という概念、その意味の一つに、国の領土のあり方を示しているものがある。領土が侵略されることなく保全され、国家の主権が十分に及んでいること、構想と内容において統一性と一貫性を保持していること、電子データにおいては、整合性を保ち、欠陥がないことを指している。

インテグリティは「全一完備性」と訳すことができる。学問も神学も多くの人を抱え、組織化されていくと、整合的でないところ、弱いところは攻撃され、体系として綻（ほころ）んでいくことが多い。学問が闘いであるとすれば、弱点を攻め、ディフェンスができなければ、滅びていくと考えられるからだ。

神学もインテグリティを備えるためには、原初的精神から遠く離れた装置も備えなければならない。贖宥状（indulgentia）は、組織の経営に必要で、人々もそれを求め、心の安堵を得るよすがではあっても、原初的な姿にとっては不必要であり、堤の鼠穴のごときヴァルネラビリティ（受傷性）を持っていた。

ギリシア哲学以来、倫理学は兵士が備えるべき、強いインテグリティを求めてきた。しかし、そもそもインテグリティとはこのような強い意味でのみ考えられてきたわけではない。このように自律し、完成し、独立して振る舞える姿としてのインテグリティに対して、弱さと逸脱と揺曳を含むこととしてのインテグリティを対峙させたのが、バーナード・ウィリアムズ（一九二九―二〇〇三年）だった。彼が説き起こすインテグリティは弱く、しかし人間性を帯びたものであった。

人間が一〇〇年も現世を生きることなく死んでいくのは、人間の弱さを示している。一〇〇年というそれほど長くはない期間を生きるのにも、人間は退屈のあまり、苦悩する。何もすることのない土日の二日間でさえ、人々はじっと室内に留まることができない。まして、コロナ禍において、解禁の見通しのつかないまま、室内に留まり続けることは苦難以外の何ものでもない。

生の退屈さに苦しむ者にとって、死とは解放なのだろう。ここからだけでも、倫理学の原則に求められる普遍化可能性が、理論上のものでしかないことはわかる。普遍化可能性が心に少しでも入り込む者は、カントを読もうとしたことがある人間だということでしかない。カントの哲学書が、飲み物の自動販売機のように日本中でいつでも手に入るようになったとしても、多くの人がカントを読むようになることは期待できないし、いやそもそも普遍化可能性を期待すること自体に大きな落とし穴が含まれているのである。揺曳なき理論学は死者に酷薄な倫理学である、と私は思う。

第四章　死の表象の変容

死が神の国や天国への旅の始まりであるとしても、死は生の終わりであり、生の敗北であり、生き残った者にとっては損失である。キリスト教の信者にとっても、死が受け入れがたいものであることはたしかだ。キリストの信奉者たちにとって、恥ずべき十字架上での処刑の出来事ではなかったのか。イエスの死は、イエスの敗北が、十字架上の死ではなかったのか。イエスの復活が勝利の徴(しるし)であって、十字架は恥ずべきことではなかったのか。しかし、この十字架という謙(へりくだ)りのほうが勝利の徴であると捉えられた。だからこそ、十字架はキリスト教信仰のシンボルとなったのだ。ここには死の表象の変容を考える場合、決定的に重要な契機が隠れている。

死の表象

死についてはさまざまな書物が書かれてきた。フィリップ・アリエス『死を前にした人間』（原著一九七七年。成瀬駒男訳、みすず書房、一九九〇年）、ミシェル・ヴォヴェル『死とは何か』（原著一九八三年。全二巻、立川孝一・瓜生洋一訳、藤原書店、二〇一九年）、ノルベルト・オーラー『中世の死』（原著一九九〇年。一條麻美子訳、法政大学出版局、二〇〇五年）、とりあえずそばにあった本として三冊挙げておく。西洋以外の、死の表象と歴史についての本も数多い。きりがないほどだが、それらを概観したいとも私は思わない。

西洋の中世、一四世紀には黒死病が流行し、どれほど多くの人が亡くなったか想像しがたいほどの犠牲者を生み出した。それも一度の流行にとどまらず、地域は異なりながら、波状的に何度も流行を繰り返し。また黒死病以外の感染症も流行して、人口減少を引き起こした。一三世紀における交流と交易による人間の移動が、それには大きく関与していた。そればかりでなく、気候の寒冷化にともなう農作物の不作も食料の不足につながり、やはり多くの犠牲者を生み出した、そういう状況にあって、死の表象も一三世紀から一四世紀にかけて大きく変質していく。

一四世紀において死の表象は、それが順番にやってくるものではなく、死神が大鎌を振るって突然刈り取りにくるというように、予想しがたく、恐ろしいものとして捉えられるようになった。

フィリップ・アリエス（一九一四―八四年）は、主としてフランスの史料をもとに初期近世における死の捉え方を研究し、死の表象の歴史学を切り開いた。そしてそれ以降も、死について膨大な文献が著されてきたにもかかわらず、全体の流れは杳（よう）として曖昧なままである。曖昧なはずがないではないか、とも思える。バッハのカンタータ一六一番に登場する「甘き死の時よ来たれ」、『エヴァンゲリオン』における「甘き死よ来たれ」という表象の系譜を調べようとすると、その系譜の追跡には著しい困難がともなう。「甘き死」という人口に膾炙（かいしゃ）している表現は今もなお、隠し守られたままである。

ここで、死の表象の系譜を概観しようというのではない。それを思っただけでも、心は敗北し、砕けてしまうことはたしかだから。ただ、ボエティウスにおける永遠性の定義と、近世初頭における「甘き死」についてわずかながら考えておきたいのだ。

未来に向けての約束

フィグーラ——比喩形象、予徴、徴表などさまざまに訳される——は、古代の修辞学において用いられ、中世の聖書解釈学でも使用されていた。過去の出来事に比喩として隠された徴（しるし）であり、それが特殊な仕方で未来の出来事を引き起こし、出来事と同時的に生きる人はその出来事に何らかの成就、いや約束の成就を見出すのだ。この枠組みは特殊な物語形式を踏まえ、理解しにくいが、旧約聖書と新約聖書との関係を理解するうえでも、イエスが十字架において普遍的救済の可能性を示したというキリスト教の救済史を理解するうえでも、決定的に重要なものだ。

隠された徴としてのフィグーラ、これはパウロが確立した枠組みだ。パウロはテュポスというギリシア語をあてている。ただ、パウロを踏まえているとはいえ、この解釈の枠組みはキリスト教信仰を前提としているわけではない。しかし、その概念は曖昧さの雲に隠されている。私自身、これまで何度も出会いながら、その前を通り過ぎ、時には大きな関心を寄せながらも、その姿を詳しく見ることができずにいる時間は長かった。

エーリヒ・アウエルバッハ（一八九二―一九五二年）が『ミメーシス』において、西洋における文体論の歴史研究をとおしてフィグーラ概念の重要性を示し、多くの関心を招き寄せることになった。そこには、救済をめぐる独自の歴史哲学が伏在していた。そして、その歴史観に潜んでいる独自の因果性を解読したのがヘイドン・ホワイト（一九二八―二〇一八年）である。

出来事の生起の流れは、人間の認識においては、逐次的に原因から結果へと流れていく。だが、人間が物語を書き記すとき、出来事を乱雑に置きならべるだけでも、時間の順序に即して並べるだけではなく、原因と結果の関係を、行為主体と出来事との関連において示したり、あるいは過去と未来が交錯したり、同時的に複数の物語が並行したりと、さまざまに語ることができる。原因と結果の連鎖としてのプロットが明確に構築されていれば、プロットは単数であれ複数であれ、時間の流れの逆行や振動においても、筋を追いかけることができる。それでは、各人の人生にプロットはあるのか。いや、あったとしてもそれを知ることができるのか。「運命」という幻想を、人間は信じたがる。そこには魅惑する力とともに大きな陥穽（かんせい）が控えている。運命を信じてはならないのだ。

フィグーラとは、特殊な因果関係である。それをヘイドン・ホワイトは「比喩形象的因果性（figural causation）」と呼んだ。これが、通常の因果関係と異なるのは、過去の出来事がフィグーラであるということは、約束としてあるということであり、その約束の成就として目の前に起きている出来事を見ることである。それは、過去の出来事についての再発見という認識上の出来事にとどまらない。過去の出来事と出会うことが、取り戻しのきかない固定性のうちにありながら、認識上の問題にとどまらないということが重要なのだ。しかしそれは、認識以前にありながらも、認識に向かって進む、前意識的な意図的行為というしかないような「現実化」が成立している場合である。

失敗に終わったと思われる出来事の終末が、過去の約束の成就であったと気づくことは、棚からぼた餅式に出来事が生じるのではなく、約束の遂行というように進むということなのである。物語は、記述され、物語られるという受動的なものというよりは、自らを作り上げながら進む。そうした物語こそが、比喩形象的因果関係に相応しい様式なのである。

過去の約束を成就すること

シンボルという言葉は、よく見かける。ハトは平和のシンボルというように使われる。しかしもともとは、陶器を割った破片の一つ一つをつけ合わせ、組み合わせた、合わせ物のことを指した。片割れと出会って、符合するような関係にあるもの、それがシンボルなのだ。

遠方に商いに出かけ、品物を仕入れるにしても、商品の売り先を訪れるにしても、契約書がない時代において、互いに取り出した二つの陶器の破片が接合して、一つになれば、それが昔の約束の証拠となる。自分の失われた片割れを探し求めること、それは二つのものが引き合う力の存在を示すものでもある。

シンボルを動詞にすると、ラテン語ではシンボリザーレ（symbolizare）となる。それは「符合する」と訳される。「火と空気」「水と土」との間には符号関係が成り立つという。ルドルフ・ゴクレニウス（一五四七―一六二八年）が書いた一七世紀の『哲学辞典』には次のようにある。

符合する一方がもう一方の符合する片割れに移行することは容易なことだ。火から空気への移行は火から水への移行よりも容易なのである。水と大地は符合しあう（symbolissant）、つまり両者は冷たさにおいて相互に適合し（conveniunt）あうのである。

（ゴクレニウス『哲学辞典』引用者訳）

二つの陶片がぴったり接合したり、二つの貝殻が貝合わせにおいて結合したりするように、大きく離れているものが突如として結びつく場合がある。それを歴史に見出すと、フィグーラという概念になる。

死もまた何ものかの成就かもしれない。死も成就であるとは、すなわち生の中に約束があったのだとすれば、人生に込められた意味とは何になるのだろか。十字架上の苦しみの意味を成就と捉えることのできた弟子たちは、約束が果たされたことを発見したのだった。

パウロの『ローマ人への手紙』の六章五節には、「もし、わたしたちがキリストと一体になってその死の姿にあやかるならば、その復活の姿にもあやかれるでしょう」とある。

キリストの十字架上の姿には、さまざまな意味が込められている。十字架のそばに置かれた頭蓋骨は古いアダムを表し、十字架上のキリストは新しいアダムを表すという。古いアダムは、来たるべき者（新しいアダム＝キリスト）の予型（テュポス、フィグーラ）であるとされる。その意味合いは、十字架上のキリストは、古いアダムが新しいアダムとなって救済がなされるという約束の成就であるということだ。そこには十字架上のキリストの死は、勝利であり、栄光であり、成就であるという構図が見られる。

そのような文脈に、さきほどの『ローマ人への手紙』六章五節がある。「死の姿にあやかる」は新共同訳だが、岩波書店の『新約聖書』（新約聖書翻訳委員会訳）によると、「彼の死と似通ったかたちに結びつく者」とある。決定的に重要なところなので、こだわりたいのだが、キリストの死の似姿に「あやかる」「結びつく」と訳されている箇所は「シュンプトイ」というギリシア語で、ラテン語では complantatus とされる。「植えられている、埋め込まれている」というニュアンスである。アリストテレスの『眠りと覚醒』第四巻の用例によると、「同じような機能を果たすべく埋め込まれている／構成されている」ということである。

『ローマ人への手紙』の五章一四節には、「テュポス（フィグーラ）」が登場していることにも示されるように、アダムとキリスト、そしてキリストの死とわれわれの死との間にフィグーラの関係が設定されているのである。

フィグーラにとりわけ注目したのが、先にも言及したアウエルバッハだった。彼は『ミメーシス』（一九四六年刊。邦訳『ミメーシス――ヨーロッパ文学における現実描写』上下、篠田一士・川村二郎訳、筑摩書房、一九六七―六九年）においてフィグーラの枠組みを取り出した。そのフィグーラに注目した思想家は、ベネディクト・アンダーソン（一九三六―二〇一五年）、ヘイドン・ホワイト、チャールズ・テイラー（一九三一― 年）など数多い。そしてそれと連動する謙遜（humilitas）ということの文化論的な意味と救済論における意味、そしてそれが文体論や美学的構図にも影響を及ぼしたことを忘れてはならない。ヘイドン・ホワイトが比喩形象的因果性（figural causaiton）と呼んだ枠組みも、死の意味を考える場合に重要な論点になってくる。そしてそれが、「甘き死」と結びついてくるように私には思われる。だからこそ、フィグーラ概念をキリスト教の中に植えつけたパウロの論点を確認してみたのだ。だが、なぜそのような「甘き死」という表象が一七世紀に登場してきたのか。

一四世紀の西洋中世において、黒死病（ペスト）が猖獗（しょうけつ）を極め、西洋の人口の半分を奪ったともいわれる。これは現在の新型コロナウイルスと重ねて考えることができる。中世、一五、一六世紀には往生術（ars moriendi）の書が多数著された。黒死病の時期に重なるというよりは、活版印刷術の開発とともに大量に刊行された書物と捉えたほうが実情に即しているだろう。そして、黒死病の時期に対応している文化現象としては死の舞踏（ダンス・マカブル）がある。骸骨の群衆が乱舞する図像である。

　これについても数多くの研究書が著されてきた。不思議なのは、バッハのカンタータ『甘き死の時よ来たれ』に歌われる「甘き死」の概念的系譜をたどろうとすると、これが見つからないことである。「甘き死」という表現が登場したのは、いつのことなのか特定はできないのだが、一七世紀の神学書では、フランシスコ・スアレス（一五四七―一六一七年）の臨終の言葉に出会う。「私は死がこれほど甘く甘美なものだとは思わなかった（Nunquam putassem tam dulce, & tam suave esse mori）」。スアレスの死（一六一七年）とバッハのカンタータ一六一番『甘き死の時よ来たれ』（一七一六年）との間には、ほぼ一〇〇年の時間差がありながら、不思議にも結びついているのだ。

　スアレスの言葉は、死が甘美なものであることを素朴に歌い上げているのではない。「もし、わたしたちがキリストと一体になってその死の姿にあやかるならば、その復活の姿にもあやかれるでしょう」(『ローマ人への手紙』六章五節)が踏まえられていて、十字架の上で苦しむキリストの姿を模倣するとき、死は甘きものとして訪れると語られる。死は甘いものというメッセージが単純に歌われているわけではなく、甘いものとして受け止めるための心構えが語られているのである。

カンタータの歌詞は、ドイツの法学者、詩人ザロモン・フランク(一六五九—一七二五年)のものだ。ザロモン・フランクの「甘き死の時よ来たれ」においては、「来たれ甘き死の時よ、そのとき私の心は蜜を味わう。死という獅子の口から我を救い、我とこの世との別れを甘美なものになしたまえ。最期の光よ、我、救い主に接吻することを遅らせるなかれ」とあり、死の表象は甘美なものとなっている。しかし、「甘き死」という表象は、中世後期においては皆無であって、その後、一七世紀に時折見受けられるようになる。これはどういうことなのか。そして、現代の『エヴァンゲリオン』において「甘き死よ来たれ」と変容した姿で登場しているのはどういうことなのか。

甘き死と霊的能力

「甘き死」とは何か。ラテン語では mors dulcis et suavis（モルス・ドゥルチス・エト・スアヴィス）となる。「甘き死」という表象はいつ現れ、どのように継承されてきたのだろうか。「甘き死」という表象は中世のものではない。中世において死は、大鎌を持った死神によって図像化される恐ろしい存在であった。そして、黒死病流行の時期、隆盛となる「往生術」では、臨終の際にどのようにすれば天国にいけるのか、その作法が説かれる。死は苦しく、悲しく、恐ろしいものだったのである。

霊的味覚

見ることは知性（intellectus）に属し、味わうことは知恵（sapientia）に属すと言われていた。知性は鋭敏に見出す能力であり、知恵は霊的な喜びに向かうものなのだ。そのような枠組みにおいては、知恵こそ、風味（sapor）を味わう能力だったのである。このことは近世以来、長く忘れ去られていく。

知恵とは、アリストテレス的伝統においては、もっとも高貴なる原因の認識であり、神的なるものの認識であった。知恵と知識（scientia）との対比は、中世でもいろいろと語られていた。その枠組みにおいて重要な点は、知識は「振り返る」ことはないのに対して、知恵は振り返り玩味し、その味わいを精神に刻みつけるという点だ。味覚もハビトゥスなのだ。味覚は単に受動的な能力ではなく、味の諸契機を分節化し、それぞれについて享受し、それを統合する、分析的かつ統合的な能力なのである。

肉体的味覚は甘きものを求める。甘きものは魂を引き寄せる。魂が霊的なるものに心を向け、霊的なるものから引き寄せられるためには、霊的なるものを甘く感じる必要があり、それを感じ取る能力として霊的味覚が求められたのである。

そうした霊的なものの味覚は、「霊的味覚（gustus spiritualis）」と表現され、一二世紀に登場し、スコラ哲学の盛期であった一三世紀において、ボナヴェントゥラ（一二二一―一二七四年）、トマス・アクィナス（一二二五頃―一二七四年）にも用いられた。

ただ、霊的味覚論の隆盛は、一二世紀の修道院神学がその頂点であった。一三世紀には、神学の発達によって、学問的な厳密性が重視され、味覚といった直観に訴えるものは主流ではなくなっていく。オセールのギヨーム（一一四〇／五〇―一二三一年）によると、「知恵とは神の認識というよりも、知覚（perceptio）のようなもので、経験的な仕方による霊的な味覚（gustus spiritualis per modum experientiae）になる」と言われている。「神は、肉体の味覚に蜂蜜が味わわせるのと同じように、心の味覚にも、知恵の妙味となる甘美さを引き起こす（Deus ipse facit et in palato animae dulcedinem quam saporat sapientia sicut ipsum mel in gustu materiali）」。神のカリタス（愛）は、知的認識に味わいと情趣を加え、喜びの経験と霊的甘美さをもたらすと言われている。

哲学的に考えて、ここで注目すべきは、知識と知恵が対比され、知恵は味覚に対応しているということである。

現代における「甘き死」

『新世紀エヴァンゲリオン』の挿入歌として「甘き死よ来たれ」というのがある。庵野秀明がつけた日本語の歌詞の大意は、「嫌われるのが怖い、傷つくのはイヤだけれど、他人を傷つけるのはもっとイヤだ。好きな人を好きになることで傷つけるかもしれないから、人を好きになれない」ということだった。これが英語に訳されるとき、その意味は強度を増し、『エヴァンゲリオン』それ自体を表現するものとなっている。英語の歌詞を超訳すると次のようになるだろう。

君を裏切ってしまった。自分だけで生きられると思っていた。でも君との間の痛みと苦しみの後で、君の大事にしていたものがやっとわかった。君がいない今、僕の心はからっぽだ。だからすべてを終わりにしたい。自分の存在と生命と、いやこの世界の存在をも終わりにしてしまいたい。寂しすぎて堪えられないんだ。もう過去の取り返しはつかない。昔、楽しく思えたことも、今は哀しいだけだ。時間を戻したいけれどできはしない。悪いのは全部オレだ。そして君もオレも過去を忘れられず、だから今あるすべてのものが瓦礫の山、廃墟なんだ。オレはドロドロに溶け落ちていく。すべてをオレは失った。もう誰も愛せない。どこまでも奈落の底に落ち続けていくだけだ。世界のすべてを失った今は、世界を滅ぼしてしまいたい。

ベンヤミンの「新しい天使」から希望を取り除いた、絶望だらけの天使、残酷な天使が庵野秀明なのだろう。

バッハにおける「甘き死」と『エヴァンゲリオン』における「甘き死」との間には、大きな断絶がある。『エヴァンゲリオン』には、世界消滅願望、自己破壊願望がある。あらゆることをだめにしてしまったから、すべてを終わらせたいという絶望感を踏まえた「甘き無・非存在」としての死が表象されている。バッハにおける「甘き死」は、決してそのような死への憧憬を促すようなものとしての「甘き死」ではない。

シモーヌ・ヴェイユ

裁いてはならない。過ちというのはどれも選ぶところがない。ただひとつの過ちしかない。光を糧として身を養う能力を欠くことである。というのも、この能力が失われるや、あらゆる過ちが可能となるからだ。

（ヴェイユ『重力と恩寵』前掲書、一五頁）

魂の本性的な働きは、物質的な重力の法則に支配される。肉体は頭痛によって心を苦しめ、欲望によって心をかき乱す。あらゆる事象は重力に従って生起する。恩寵のみが例外をなす。光と重力が宇宙に君臨する二つの力だ。

キリスト教は伝統的に善悪二元論を徹底的に否定してきた。悪の力を善への対抗勢力として認めることは、悪に力を貸してしまうことになる。悪は憎まれ、攻撃されることによって成長できるからだ。悪を滅ぼしうるのは愛しかないが、人間は常に至るところに敵を見つけ、敵対することによって生きる気力と活力を見出してきた。増悪と絶望こそ、悪魔への最大の供物である。悲しいことに、人間は想像においてであれ、リアルな仕方であれ、常に悪を創造することによって人間たりえてきた。

頭痛に襲われて痛みがひどくなる途上で、ただしいまだ最悪の状態には達していないときに、誰かの額のきっかり同じ箇所を殴って、その人を苦しめてやりたいという激しい願望を募らせたことがあるのを、忘れてはならない。これこそ、重力への屈従である、とシモーヌは考える（同書、一四頁）。

重力の下降運動、恩寵の上昇運動。二乗の力を備えた恩寵の下降運動、この三様の運動が想像を構成する。わが身を低めることは、精神的重力との関連では昇ることを意味する。物質的重力はわれわれを下に落とすが、精神的重力はわれわれを高みに落とす。

恩寵は充たす働きを持つが、それを受け入れる真空のあるところにしか入り込めない。この真空とは剝奪による絶望であり、暗夜である。この絶望は光を受け入れるための条件であり、この絶望を生み出したものもまた恩寵であることにシモーヌは気づくことによって、一つの救済をうる。

人間がこの世の法則から逃れうるのは、閃光のひらめく一瞬にすぎない。停止の瞬間、観照の瞬間、純粋直観の瞬間、心的な真空の瞬間、精神的な瞬間を受容する瞬間など。これらの瞬間を介して人間は超自然へと開かれうる。

（同書、三〇頁）

死は黄昏でしかないのか

死は黄昏（たそがれ）でしかないのか、黎明（れいめい）である可能性はないのか。天国や極楽という、どこにもない領域を信じることしか可能ではないのか。

痛みや苦しみは、個体の生を維持するためにある緊急の知らせだ。では、死の床において、その苦しみは何のためにあるのか。生のためではないとしたら、何のためなのか。そこには目的なき痛みが現出しているとも考えられる。目的論を拒絶したバルーフ・スピノザ（一六三二―七七年）ならば、そう答えるだろう。しかし、人間の理解のためにあるものとしてではなく、人間の理解とは別のところに、生命が単なる混沌ではないものとしてあることを地平にしてみればどうか。思惟の次元においては、何かのためにあるのではないとしながらも、関係の網の目においてあるものとして考えることもできよう。

それは他の存在のためにあると、そうは言えないのか。こちらの「ため」は自的ではない。

祈りだ。十字架上のイエスの苦しみを、無駄な苦しみと捉えるのではなく、そこに祈りの姿を見出すとき、一つの信仰が現れる。なぜ、それが全人類の救いになるのか。事実的な因果関係において捉えれば、何も現れてはこない。しかし、比喩形象的因果性として捉えるとき、そこに何かが現れてくる。未来から過去への因果性であり、それは過去に起こったことを約束として遡及的に立ち上げるときに現れてくる。

殉教者の苦しみは功績であって、贖宥状（しょくゆうじょう）の原資とされていた。その最大のもの、模範となるものが、十字架上のイエスの苦しみと考えられていた。

十字架上のイエスの叫びは絶望の叫びだったのか。中世の人々はその姿に死に対する勝利を見ていた。だからこそ、あれほどの数、十字架が刻まれ、至るところに置かれた。イエスの十字架での叫びは、万人への祝福の言葉である、と中世の人々は素朴に素直に信じていた。それは、近代から見れば愚かな思いにすぎないのだろう。愚かであろうが、なかろうが、そこには素朴に信じる者の栄光が現れていたように思える。

第五章　〈今〉を舞い続けるものとしての生

〈今〉を舞うこと

人は移動するとき、ある場所から別の場所へと動いていく。歩行するとはそういうことだ。どこにも移動することなく、その場で歩いているように振る舞うことは足踏みしていることだ。「歩行する」ことと「足踏みすること」とは異なっている。

足踏みが一定の場所にとどまりながらではなく、円形の場所をめぐるとき、それは別の行為になる。そこに体の動きや音楽が加われば、踊り、舞踏になる。歩行も舞踏も足の動きをともなうが、ここには空間を移動するための行為と、そうではない行為という対比がある。

なにやら当たり前のことを述べているように思えるかもしれないが、ここにアリストテレスの思想を理解するための重要な鍵がある。

アリストテレスは、エネルゲイアとキネーシスという対概念を用いて存在様式の違いを示した。エネルゲイアは「現実態・活動」で、キネーシスは「移動・運動」のことだ。

エネルゲイア・活動	**キネーシス・移動**
完全	不完全
目的が内在している	目的が内在していない
自己目的	手段
早さと遅さがない	早さと遅さがある
時間のうちにない	時間のうちにある
常にあるもの	滅びていくもの
終わりがない	終わりがある
無時間的	経過的
舞踊のようだ	歩行のようだ

キネーシスは手段であり、それ自体では不完全であり、終わりがあって消滅していく。例えば、通勤のために駅まで歩くのは、キネーシスだ。途中で歩くのをやめてしまえば、その行為は完成しない。道草を食うことも、その行為には無駄である。そして、駅に着いてしまえば、その行為は駅に着くという行為に吸収されて、行為する人は次の行為に関心を移してしまう。そして忘れ去られる。

エネルゲイアは散歩だ。散歩には、特定の目的地があるわけではなく、仮に近くの公園という目的地が設定されても、途中で引き返してもよいし、喫茶店で道草を食っても、散歩という行為が成立しなかったことにはならない。散歩はエネルゲイアだ。そのつど完成し、目的を実現しているから、途中で仕損なうということがない。瞬間的であって、終わりがなく、早い、遅いといった効率とも無関係である。

キネーシスでは、何分かかったかということが気になる。手段でしかないから、目的を実現するためにあるのであって、それ自体で価値を持っているわけではない。

エネルゲイア

このエネルゲイアの特質を整理し、わかりやすく説明しているのが、藤沢令夫の『イデアと世界——哲学の基本問題』(岩波書店、一九八〇年)だ。以下の一節は、その重要な箇所である。

時間の内になく、〈どこからどこへ〉によって規定されないとすれば、当然「速く」「遅く」をそれについて言うのは無意味であり、したがってまた、「能率」や「効率」とも無縁であろう。そもそもここには、「能率」や「効率」の観念に内包される努力目標・到達目標としての「結果」や「所産」というものが、存在しないのである。そういう外在目的によって限定されないというのが、エネルゲイアをキネーシスから区別する根本的特質であった。

われわれは内に省みて、たしかにこのような特質によって定義されるほかはないような行為・経験が存在することを、確言することができるであろう。手近なところでは、例えば、詩と散文の区別と類比的に、舞踊が歩行と対照されて、「舞踊はたしかにひとつの行為体系には違いないが、しかし（歩行と違って）それらの行為自体のうちにそれ自身の窮極を有するものである。舞踊はどこにも行かない」（ヴァレリー「詩と抽象的思考」）と語られるとき、それはアリストテレスがエネルゲイアの特質として指摘するところと、不思議によく符合している。

（藤沢令夫『イデアと世界』。表現を一部改めた）

歩行は、散文と同様に明確に定まった対象を目指す。歩行はある場所に到達するためになされる行為である。必要な事物、私の欲望に基盤を置く衝動だとか、私の体や視覚の状態、地面の状態など、そうした現実の諸状況こそが、どのような歩き方をすべきかを命じ、歩行の方向と速度を決め、定まった終点を与える。歩行のすべての特徴は、そのつど特定のあり方で結び合わされる瞬間的諸条件から導き出される。諸条件への適応によってその行為はなされるが、この適応は、行為が完了し、目的が到達されると消え去り、吸収されてしまう。

ポール・ヴァレリー（一八七一―一九四五年）は、舞踏の本質を次のように美しく語る。

舞踏、それはまったく別のものです。舞踏はたしかに諸行為のおりなすひとつのシステムなのですが、この行為はその目的を自分自身のうちに持っています。舞踏はどこに行くわけでもありません。ある対象を追求するとしても、それは理念的対象、あるひとつの状態、恍惚、花の幻影、極限的な生、微笑——虚空にそれを求めていた者の顔についに浮かぶ微笑にほかなりません。

（ヴァレリー「詩と抽象的思考」『ヴァレリー集成Ⅲ 「詩学」の探究』田上竜也・森本淳生編訳、筑摩書房、二〇一一年）

歩くとはどういうことなのか。歩くことはキネーシスであって、歩き終わるとともに目的に吸収・回収され、消滅していく作用であることをヴァレリーは強調する。人生は歩行（歩くこと）に似ているのか、それとも舞踏のようなものなのか。

歩く人が目標に達した時、彼を静止状態から引き出した欲望の対象である場所、書物、果物、事物に到達した時、彼の行為全体は、対象を所有したことによって決定的に消滅してしまうのです。結果が原因を食い尽くし、目的が手段を吸収したわけです。なされた行為がどのようなものであれ、残るのはその結果だけです。有用な言語についてもまったく同じことが言えます。私が自分の意図、望み、命令、意見を表明するのに役立った言語、この言語はその務めを果たすと、達成とともに消え去ります。私がこの言語を発したのは、それが消滅するため、それがみなさまの精神のなかで他のものに根本的に変化してしまうためでした。そして私は、自分の話がもはや存在しないという注目すべき事実によって自分が理解されたと知ることになります。つまり、話はその意味によって完全に置き換えられたのです——意味というのは、みなさまに属する心像、衝動、反応ないしは行為のこと、要するに、みなさまの内的変化のことにほかなりません。（ヴァレリー、同書）

ヴァレリーが用いた「歩行」と「舞踊」との対比は、キネーシスとエネルゲイアとの対比を的確に表現している。「舞踊」は目的を持たず、どこにも行くことがなく、「なぜ？」という問いに対して答えを出そうとはしない。そうするとスピノザもまた、目的論を捨てたことによって〈今〉を舞い続けることができる、永遠の相において。したがって、舞踊する者に「なぜ」や「どこへ」を尋ねる者は何もわかっていない人なのである。

アリストテレスは、『形而上学』の第七巻第六章でつぎのようにエネルゲイアとキネーシスとを対比してまとめている。

目的がその内に内在しているようなものこそが、行為なのである。例えば、人は、見ていると同時に見てしまっているし、思慮しつつあると同時に思慮してしまっているし、思惟しつつあると同時に思惟してしまっているのである。しかし、学びつつあると同時に学んでしまっているとは言えないし、健康になりつつあると同時に健康になってしまっているとは言えない。

人は、善く生きつつあると同時に善く生きてしまっているし、また幸福であると同時に幸福になってしまっているのである。もしそうでないとしたら、ちょうど身体を痩せさせる場合と同じように、いつかは終止しなければならないであろう。しかし実際にはそうではなく、人は生きていると同時に、生きてしまっているのである。

かくて、以上の諸例のうち、一方のものはキネーシスと、他方のものはエネルゲイアと呼ばなければならない。なぜなら、キネーシスはすべて不完全であるから。すなわち、身体を痩せさせること、学ぶこと、歩くこと、建築すること、など。これらはキネーシスであり、不完全なものである。というのは、歩きつつあると同時に歩いてしまったとは言えないし、家を建てつつあると同時に家を建ててしまったとも言えないし、生じつつあると同時に生じてしまったとも言えないし、動きつつあると同時に動いてしまったとも言えないからである。……

けれど、人は同じものを見てしまっていると同時に、見つつあるのだし、また思惟しつつあると同時に、思惟してしまっているのである。こうして、このような性格のものを私はエネルゲイアと言うのであり、他方、先のようなものをキネーシスと言うのである。

（アリストテレス『形而上学』第九巻第六章、引用者訳）

見ることもエネルゲイアであり、「見る」とはいつも「見ている状態にあることが、すなわち見てしまっている」という完了の状態なのである。

歩行がキネーシスであるとすると、舞踊はエネルゲイアなのだ。舞踊は盆踊りに典型的に見られるように、〈どこからどこへ〉という動きではない。しかし、エネルゲイアの典型例は、アリストテレスによると、「生きること」それ自体である。

老人のための倫理学

老人のための哲学はなぜないのか。「老い」について書かれた哲学書としては、ストア派の哲学者によって記された書物がいくつも想起されるし、古今東西のさまざまな人によって書かれてもきた。しかしそれらは一様に、老いという苦しみをどのように耐え忍び、乗り切るのかということを主題化している。赤瀬川原平は『老人力』(ちくま文庫、二〇〇一年)を著し、「老い」もまた徳の一つになりうるかもしれないという。つまり、老いの積極的価値を語ろうとしたのだ。しかし、それも軽妙なユーモアに包まれた、老いの苦しみの本である。

なぜ、老いの哲学はないのか。古来、年を取り、老いることとは、現世への執着から逃れる仏道修行の通過点として、ないし現世からの離脱を図る時期を示していた。荒野での修道士、修行者など、家族を離れ、一人で修行に努めることは、生から死への道程への準備作業であった。宗教は概して、死を瞬間的なものとして捉えることはなく、道のり、旅として捉える。だからこそ、生きている間の修行が重視される。近世に入ると、死は生の消滅として、空隙（くうげき）として捉えられるようになる。死んだら、すべてが終わってしまうのである。

そのような思想形態においては、死は絶対的孤独である。絶対的沈黙である。沈黙の豊かさに思いをいたそうとしても、「雄弁は銀、沈黙は金」という金言があって、その沈黙は人を恐怖させる。アウシュヴィッツにおいても、ヒロシマにおいても、ナガサキにおいても、神は沈黙を続けた。しかしながら沈黙せる神が、神の非存在と結びつくわけではない。神が人格神ではない場合、特定の民族や特定の人間だけに恩寵を与えることは神に相応しいことではない。祈る者にだけ恩寵を施し、祈らない者に恩寵を施さないということは、既存の宗教をはみ出してしまうのだが、神の属性ではない。人間の願望や希望を超越したところに神がいるのであれば、神は永遠に沈黙し続けるはずだ。それは、死が人間に死の相貌を伝えないことと似ている。「死とは何か」という問いへの答えはない、ということが死の表面的な意味なのである。死とは生命の欠如であるという欠如態の姿でしか姿を現さない、完全な暗闇としてある。それは表象化を拒むがゆえに、恐怖をもって接するのが正しい心の構え方とされてきた。理解可能性の彼方にあるがゆえに、ひたすら恐怖の中でそれを待ち構えるのが、合理的・知性的な態度であると言われるのだが、「理解可能性の彼方」にあるものに対する、それはあまり賢明な待ち方ではないのではないか。

メタ倫理学、善とは何かという問い、哲学もまた若者のためのものだ。老人のための倫理学はないのか。冥土の土産としての倫理学はないのか。

来たれ死の倫理学よ、甘き死よ来たれ。

宗教者しかまともに死を語れないのか。自然科学者が語る死は生物としての死であって、魂の死ではない。

永遠と瞬間

ボエティウス（アニキウス・マンリウス・セウェリヌス・ボエティウス、四八〇頃―五二四／二五年）は、東ゴート王テオドリック支配下において、ローマ有数の貴族の家系に生まれた。父は国政の最高官職コンスル（執政官）を務めたが、彼の幼い頃に死去し、それからボエティウスは有数の貴族であり政治家であったシュンマクスの庇護のもとに成長する。やがて政治家として行動するようになり、五一〇年にはコンスルに任ぜられる。その後、彼は理不尽な嫌疑をかけられて捕縛され、遠く北イタリアのパヴィアに幽閉された後、刑死することとなる。ボエティウスがパヴィアの牢獄に幽閉され、悲憤慷慨のさ中、彼の心を慰めてくれたのはギリシアの先人たちの哲学思想であり、それらを女神と表象化して、心の慰めとしたのである。

認識できるものはすべて、認識されるものの本性によってではなく、認識する者の側の本性によって認識されるのであるから、ここでわれわれに許される限りにおいて、神の実体のあり方がいかなるものかを探求することにしよう。そうすることで、神の有する知識がいかなるものかを知ることができるようになるためである。ところで、理性を持って生きるすべての者の共通の判断によると、神は永遠なるものである。そうであれば、私たちは永遠が何であるかを考察しなければならない。そうすれば、神の本性と神の有する知識とをあわせて明らかにすることができるだろう。

ところで、永遠とは、限りない生命を同時的に全体的に、かつ完全に所有することである。これは時間的に事物と比較してみれば、より明らかになる。というのも、時間の中に生きるものは、今は現在的であっても、それは過去から到来し、未来へと進むものである。したがって、時間の中に規定されているものは、何ものであれ、その生命の全領域を同じように包括することはできない。それどころか、このようなものは、明日はまだ手にできず、過去は既に失われており、今日の生命においてさえ、それはただ、滅び、過ぎ去りやすい、過渡的瞬間に生きることしかできない。ゆえに、時間に制約されるものは、たとえ、――アリストテレスが世界について考えたように――始めなく終わりなく、またその命が無限の時間とともに続くとしても、やはり永遠と言われる権利はない。それはその生命――たとえそれが無限的なものであったとしても――の全領域を同時的に把握し、包括することはできず、むしろ、これから先の未来的なものを、なおも残しているからである。ゆえに、限りない生命の全充溢を同時的に把握かつ所有し、いかなる未来的なものも欠けることなく、またいかなる過去的なものもそれから洩れていないようなもの、このようなものこそが当然、永遠と名づけられる。そしてこのようなものは、必然的に自己に関係し、常に自己に現前し、かつ変動する無限の時間を現在的なものとして所有する。

（ボエティウス『哲学の慰め』第五部第六節、引用者訳）

終　章　断末魔の苦しみも、無駄に経験されるのではない

新型コロナウイルスに対してはさまざまな対処策が考えられている。集団的免疫獲得による免疫学的対応法、ワクチンによる有効な予防、治療薬の開発による実質的な対症療法、接触回避のための社会的な行動制御、惨憺たる状況にある経済システム復興のための実効ある政策、いろいろと考えられている。

では、哲学は、新型コロナに対してどのような対処法を持っているのか。解決に少しでも寄与しようと思うあまり、ただし医学的な貢献はもとより不可能と思うあまり、お百度参りをしたとしても、事態が進展するわけではない。

アフリカや南アメリカ、インドにおける急激な拡大の様子を耳にすると、世界的に状況が改善しているとも思えない。とはいえ、世界は動きつつある。五月の連休も終わり、ヨーロッパではポスト・コロナに向けての取り組みが始まりつつある。日本でも緊急事態宣言の緩和が模

索され始めた。

もちろん、有効な治療方法が確立しないままの外出禁止令解除が、再び新規感染者の拡大を引き起こすことは覚悟しなければならない。その意味では、新型コロナウイルスとどのように共生していくべきなのかが問われる局面に入ったと言えるだろう。

哲学は新型コロナに対して、無力なまま観照（テオリア）を重ねるしかないのだろうか。私は、未来という非存在が現在という存在に対して持つ関係がどうなるのか、新型コロナを通して考えてみたいと思った。ポスト・コロナという時代を考えるべきなのか、コロナとの共生を考えていくべきなのか。

危機の中で

エドムント・フッサール（一八五九―一九三八年）は『ヨーロッパ諸学の危機と超越論的現象学』（細谷恒夫・木田元訳、中央公論社、一九七四年）の中で、「生活世界」の概念を強調した。「数学の基礎付けをめぐる危機」という問題意識によって、厳密学としての哲学という課題を追究するところから生まれた着想であった。しかしながら、当時の人々の意識においてもこの問題意識に対しては、古い学問である哲学が諸学の基礎付けのために果たして何ができるのかという、懐疑的傾向が強かったのではないのか。

現実の危機を乗り越えるのに直接貢献したいと思えば、時代と歩みをともにする必要がある。その場合、古いものが、新たな装いをもって、新しいものとして現れるということには、人文科学の存在意義がかかっていたと思う。だから、哲学が時代遅れを恥じてはもはや哲学たり得ないのだ。ともかくもそのような状況に当面しながら、フッサールは、厳密学としての哲学という理念を追い求めたことになる。

私もまた若い頃、後期フッサールの現象学に足を踏み入れ、夢中になり、影響を受けた。私はフッサールが現象学に託したものの中でも、「危機」を乗り越えるために創出された、学問の起源としての「生活世界」という概念と出会ったことが衝撃であった。田舎から出てきた若者にとって、大都会の文物も、哲学の諸概念も、何度も心を破った。この後、私自身が現象学の書物を紐解くことはなくなったのだが、フッサールが現象学の改善に取り組もうとしていた、その問題意識に心を向けたいという思いは、今も強く残っている。

哲学は危機（Krisis）において、あるべき場所を見出す。危機こそ、哲学の境域（Element）なのだ、空が鳥にとっての境域であり、水が魚にとっての境域であるように。危機、それは滅亡と破壊の可能性が現れているときだ。だが、危機とは非存在への傾斜のみから成り立っているものではない。

危機とは、フリードリヒ・ヘルダーリン（一七七〇—一八四三年）が「パトモス」において、「危険（Gefahr）の住まうところ、救う力もまた育つ」と述べたように、救済の可能性をも含むものでなければならない。生命も存在も、常に死と非存在と無への可能性に曝されながら存続するものなのである。

危機とは何か。それは、繁栄と没落、生と死、天国と地獄、そういった選択肢の両方が与えられ、そのどちらを選ぶのかという決断が求められている状況のことだ。岐路において旅人たる人間はいつも迷う。だが、道を選びながら進んでいくしかない。

哲学の衰頽は、ヨーロッパ中心主義を根拠づけるという文脈において、ヨーロッパにおいては重要な論点であった。すなわちヨーロッパをギリシアの正統なる後継者であると位置づける場合、その継承は発展的なものか、それとも衰微を避けられないものと捉えるか、これが試金石となるからである。アリストテレス以来、哲学は厳密学としての位置を与えられてきた。それは、それ自体で効用を持たないとしても、他の学問を正当化する、そして基礎づける権威を持つことで、存在意義を有していた。それは、ローマ教皇の位置と、それが世俗権力の長たる皇帝や国王への権威付与に果たした役割と対応していた。

外部性ということ

聖俗の交換現象、つまり聖俗の権威付与が聖職者によってなされるということは、西欧世界のみに特徴的なことというわけではない。日本においても、山岳という異界に住む者が平地に住む者に世俗的権威を付与する際の起源として機能していたことを考えてもよい。事実は事実としてある限り、事実の中で際立った卓越を示すことはできない。卓越性は事実の外部から与えられるのである。だからこそ、神話や説話などで外部の他者が歓待されることが多かったのだろう。

外部との交流、外部からの流入こそ、閉じられた領域に新しい価値や権威や顕現を成立させるのである。内部と外部との交流から存在は始まる。そして、非存在も未来も、存在と現在にとって常に大きな他者であり、到達し得ない他者なのだ。

フッサールの現象学において、厳密学への期待はその思考と学問の大きな推進力となっていた。その理念を、フッサールはイマヌエル・カント（一七二四—一八〇四年）の超越論的哲学から得たのであろう。だが、カントの目指していたものは、普遍性と必然性を持った知識体系としての哲学だったのか、そのことは今でもなお、改めて考える必要のある論点である。観念論という名前によって、中世後期の唯名論からカントに流れ込む巨大な潮流、それによって「外部性の形而上学」――暫定的な名称だが――の系譜は隠されてしまう。

カントが理性概念（理念）として提示したものは、人間理性の認識の限界を超えるものとして、統整的に機能するものだった。「統整的」という概念をここで解説するつもりはないが、確認しておきたい大事な点は、世界の中に存在するものが、世界に力を及ぼし、構成するのではないということだ。

カントの理念は、対象世界を構成的に考察し、再現しようと思えば、必然的に挫折せざるを得ないことの強調であり、すなわちそれを近代の人間理性に対する自戒を求めるものだったと見ることもできる。理性が増長しすぎれば、人間は滅亡に近づいていくという黙示録的ヴィジョンをカントも持っていたのではないだろうか。

滅亡への危惧は、中心部に住まう限り見えにくい。雇用と産業と経済活動の中心にいるとき、世界の滅亡は感じられない。しかし、地方の限界集落に立つとき、人類滅亡のリアリティと恐怖を強く感じる。地方の山奥の村々に人々が住むことなく、滅びていき、都会にのみ人が住み、そこがウイルスによる感染症で滅亡していくというヴィジョンは、『ヨハネ黙示録』を紐解かなくても、われわれに与えられていると思う。文字で書かれているのではない、リアルな出来事としての黙示録を、われわれは今、読まされているのである。

黒駒太子

ある祈りの姿を思い出す。新潟と長野の県境に広がる秋山郷には黒駒太子信仰という独自の宗教形態がある。鈴木牧之（一七七〇―一八四二年）の『秋山記行』『北越雪譜』でよく知られるようになったが、この地に黒駒太子という民間信仰がある。黒い馬に乗った聖徳太子の掛け軸をめぐる信仰である。豪雪地帯である秋山郷では菩提寺から引導師と僧侶がこられないので、土地の人が持っていた「黒駒太子」の掛け軸を「死者の上に二、三回廻す」という引導作法があった。その掛け軸は、太子が「黒き馬に乗って傘をさして天へ登る」図柄である。

死者の引導儀礼に用いられたということは、葬送儀礼として他の地においては一般的ではないとしても、理解できる作法である。重要なのは、疫病や狐憑きでもこの黒駒太子の掛け軸で「平癒必ずする」と考えられ、その掛け軸によって病人を祈禱する場合、「多く全快すると聞こえて」と『秋山記行』に記されている。黒駒太子の掛け軸によって、疫病人を占ったのである。

ここにおいて黒駒太子は、死者を彼岸に送り届ける働きと、生きる者をこの世に引き戻し、平癒に導くという相反する機能を持っている。黒駒太子は、生と死との境界を司る者である。境界はいつも二義的である。越えるべきものは送り届け、越えざるべきものは送り返す。黒駒太子は、地上を飛び立ち、天に飛翔する使者であった。

黒駒太子は、病者を救い、健康をもたらすという働きだけではなく、死すべき者を早くあの世に送り届ける機能をも持っていた。これは、ヒポクラテスが考えていた「クリシス（crisis）＝分利」ということと似ている。この「分利」という概念は重要だ。病気における「峠」を意味する。病気の進行における段階の一つであり、この時点で患者が病に屈して死を迎えるか、自然治癒力によって回復するかが決まると考えられていた。

ヒポクラテスにおいて、健康は四大体液の調和によって成り立ち、病気とは四大体液の不調和から生じると考えられていた。病気を治療するというのは、自然治癒力によって調和した状態に戻ることと考えられていた。

悪魔によって病いが生じるとすれば、悪霊払いが治療の基本形となるが、ヒポクラテスのように調和が健康であって、医術とは自然治癒力が発現することへの手伝いであるとする立場では様子が異なってくる。

危機は、不幸な結果をもたらすだけではない。にもかかわらず危機は乗り越えるべきものとしてある。

アルカディアはあるのか

「我もまたアルカディアにありき」という有名な誤訳がある。Et in Arcadia ego. というのがラテン語の原文だが、これは「私（死）はアルカディア〔という理想郷〕にもいる」という意味で、「死を忘れるなかれ（メメント・モリ）」という主題の変奏曲なのである。

ニコラ・プッサンの絵によって「我もまたアルカディアにありき」という言葉は有名になり、誤解が広まったが、幾度もその誤解はしばしば指摘されてきたから強調すべきほどのことでもないだろう。

新型コロナウイルスに対して、われわれはどのように対処すべきなのか。緊急事態宣言が出た二〇二〇年四月、三回目の延長が決まった二〇二一年五月など、刻々変化する事態に合わせてそのつど変容していく言説について語ることは、「未来哲学」に似合わない。現在の現実に振り回されるのであれば、「未来哲学」を名のる必要はないからだ。

現在が葬られた後にも未来という「花」が咲くことを求めて「未来哲学」はあるはずだからである。死者を送る葬礼は同時に生まれ来たる者を迎える歓迎の儀式にならなければ、死者は成仏することができない。私はそう思う。不安の中で恐れおののくだけでは、未来を正しく迎えることはできない。

新型コロナウイルスに侵された肺炎によって、呼吸もままならぬまま亡くなった人々の断末魔の苦しみを思いながら、生まれいでることも死んでいくことも苦しみを免れられないとしても、それは無駄に経験されるのではない、ということを強調したい。このことは経験して伝えられることではない。だが心の中で祈りたいのだ。苦しみは無駄に経験されるものではない(Tristitia non frustra patitur.)。

「自然は何も無駄に創造したのではない(Natura nihil frustra facit.)」という格率は、ライプニッツの「理由のないものはない(Nihil est sine ratione.)」を支えるものになる。とはいえ、ポルトガルの大地震を経験して、ライプニッツの立場を能天気な楽天家のそれとして嘲笑したヴォルテールを現代の人々が忘れているわけではない。

カントが理念=理性概念ということで示していたのは、中世以来用いられてきた「理性の有(ens rationis)」という頻繁に使われながら、素性のわからなさを身にまとう概念の特殊な内実だ。私は、「理性の有」「理屈上の存在」「思惟的存在体」「理拠的存在」などさまざまに工夫されてきた訳語に対して、〈理虚的存在〉と訳してみたくなった。理性が構成してしまう作用で、本来存在者ではないのに、存在者のように捉えてしまうことだ。人間の知性は存在を考察するのは得意だが、思惟作用といった抽象的なものを反省によってであれ、いかなる仕方においてであれ、考えるのは苦手で、それをあたかも存在者のように考えてしまう。

「黒」の否定は「黒くないこと」だ。「非黒」として、事物の広がりを考えてしまう。しかし、「見ること」の否定は「見ていないこと」であり、「見る」という作用が否定された漆黒なる無限の広がりでしかない。欠如（**privatio**）もそれに類するものとされた。本来備わっているべきものが抜けているということだ。

壮大なる墓地としての世界

われわれには、悲観的にも楽観的にも未来を見るのではなく、「非情」に見つめるだけの度量が求められているのだ。ペスト（黒死病）によって近代が登場したという帰結主義的な、終わりよければすべてよし、という見方は採りたくない。未来はいつも新しく来たる者たちのための楽園であるとともに、死者たちの墓地でもあるべきだ、と私は思う。そう思わなければ、今を生きる者は心安らかに死んでいくことができない。地球、いや世界、宇宙も〈存在〉そのものも、いつも楽園であるとともに壮大なる墓地なのだ。

私もまたコロナに心は掻き乱され、アパテイア（無情念）にたどり着くことができない。しかし、私はアパテイアを求めようとは思わない。煩悩即菩提、煩悩の内に死すことしか菩提はあり得ないと思うからだ。私は湯殿山の風と水が自分の内に流れていることを感じる。コロナとともに生き、場合によってはコロナによって死すことも覚悟しなければならない。いや、コロナに罹ることがなくても死すことは必然である。当たり前を当たり前として見ること、これは簡単でもあり、難しいことでもある。コロナ禍が歴史の古い一頁になることを願わずにはいられない。

死にゆく者のために

母親か父親から、「がんばったね」と言われながら、人は死んでゆきたいのだろう。そうすれば、苦しい中でも、きっと穏やかに、安らかに死んでゆくことができる。病気で高熱が出て、苦しいときでも、母親がそばにいれば、耐えることができた。苦しみに耐えること、それは意味のあることなのだ。母親がそばにいるだけで。生きることが苦しみであっても、見守ってくれる人がそばにいれば、それは耐え難くても耐えることはできるのかもしれない。

人は一人で死んでゆく。それは死に向かう人が死への思いを語らぬまま死んでゆくことだ。先人たちも何も語らぬまま死んでいった。語らないままで多くのことを伝えているとも感じる。もしかすると、母に負われた背中の温かさを思い起こしながら死んでいったのかもしれぬ。

東方的なるものと湯殿山——二つの対話

柔らかく人の世界を包み込むものたちへの注視
——山内志朗著『湯殿山の哲学——修験と花と存在と』を読む

佐藤弘夫

少年時代

山内さん——ここでは山内先生ではなく、山内さんと呼ぶことをお許しください——、ご高著『湯殿山の哲学——修験と花と存在と』（四六判、二三八頁、ぷねうま舎、二〇一七年七月）を読ませていただきました。末木文美士さんがどこかでとても面白い本だといっていたその言葉が頭の隅に残っていて、本屋でみつけたときに躊躇なく家に連れ帰ったものです。

山内さんはたくさん本を出されている高名な哲学者であり、お名前だけは存じ上げておりましたが、学問の中身はまったく知りませんでした。そのため、先入観なしにご本のなかに入り込むことができたような気がします。

山内さんが生まれ少年時代を過ごしたのは、山形県西川町の本道寺（ほんどうじ）という集落です。ここは月山（がっさん）の山麓に位置し、江戸時代には六十里越とよばれた日本海と内陸を結ぶ交通の要所として、また湯殿山参詣者の宿泊所として大いに栄えた場所でした。地名の元になった本道寺という巨大寺院が実在したのですが、幕末の動乱で灰燼（かいじん）に帰し、以後集落にかつての繁栄が戻ることはありませんでした。

ご本を読み進んでいってまず印象に残ったのは、本のなかの随所で描き出されるふるさとの細やかな情景です。オニヤンマの飛び交う小川。透き通った湧き水に棲むサンショウウオ。森に自生する山イチゴ。蚕が桑を食（は）むときにたてるかすかな音と蚕部屋のあの独特の匂い。雪を失った山が身にまとう新緑とヤマザクラの春の装い……。

山内さんがこの本道寺に住んでいたのは、まさに日本が高度成長の時代に突入しようとするころでした。列島中が日々、目に見えて豊かになる暮らしぶりに浮かれていましたが、本道寺はそうした変化とは無縁でした。「冬はあたり一面雪だらけになって仕事がない」（二一頁）ため、男たちは経済成長を支える道路工事などの出稼ぎに向かわざるをえませんでした。村では過疎化も進んでいました。

厳しい自然条件と時代が与える試練のなかでの本道寺での生活は、決して楽なものではなかったはずです。しかし、山内さんの故郷の描写は美しく、愛情にみちています。一晩中、虫が音楽を奏でた後、空がかすかに白み始めたころに聞こえてくる鳥たちのさえずり。口に含んだ冷たい湧き水のかすかな甘い香り——わたしはご本を読み進めながら、山内さんがかつて身を置いた故郷の世界に入り込んで、同じ景色を見、同じ音を聞き、同じ味わいを体験しているような感覚にたびたびとらわれました。

哲学的な鮭

やがて山内さんは上京して東京大学に入学することになります。それまでとまったく違った生活に、きっと大いにとまどったことでしょう。しかも専門課程で選択した分野は西洋哲学でした。

山内さんが哲学を選択した理由については、この本の「あとがき」や香山リカさんとの対談でも触れておられます。そのいきさつはさておき、山内さんは大学で学ぶ西洋哲学に強い違和感を感じられたようです。

故郷を離れ、東京の大学に入って私が学んだ哲学は、ノスタルジーやセンチメンタリズムとは無縁の冷徹な哲学でした。……冷徹な学問たる哲学においては、個人的な事柄は消去されるべき事柄でした。（二三四頁）

山内さんは、「個体性は哲学に馴染みにくい」（二三五頁）とも書いておられます。哲学は個人的なことや個別的なこととは無縁の冷たい学問だ、というのが山内さんの哲学に対する最初の印象であり、その後を規定する認識となるのです。

しかし、考えてみれば個々の現実を突き抜けて、その先にある普遍的なものをどこまでも追求していくのが哲学であり、多くの人文学の学問に共通する特性なのではないでしょうか。それをあえて「冷徹な」と評する山内さんの心中に、わたしは興味を懐いたのです。

山内さんがいうところの、哲学が排除する「ノスタルジー」や「センチメンタリズム」や「個人的な事柄」とはいったいなんだったのでしょうか。その核となるものは、おそらく少年時代に故郷で目にし耳にした、無数の心に残る出来事だったに違いありません。ご本のここかしこに散りばめられた宝石のような追憶の記述は、それを裏付けるものです。

哲学という学問は当人にとっていかにかけがえないものであっても、普遍に至る思考をさまたげるものとして個人的な体験の介在を拒否します。まさしく山内さんにとって、「哲学を学ぶことは故郷を忘れること」でした。西洋哲学に対するこの違和感を内心に懐きながら、山内さんが選択した専門分野がスコラ哲学、なかでもフランシスコ会の思想家たちでした。

ヨーロッパの中世哲学と位置付けられるスコラ哲学は、「小鳥や魚に説教した」（三六頁）アッシジのフランチェスコを一つの源とする学派です。わたしは学生時代に、フランチェスコの生涯を描いたフランコ・ゼフィレッリ監督の『ブラザー・サン　シスター・ムーン』という映画をみて、痛く感動したことを憶えています。フランチェスコが着ている服をすべて脱ぎ捨てて、荒野に向かうシーンはことに印象的でした。残念ながらフランチェスコについてこれ以上の知識はありませんが、映画のタイトルのごとく自然を兄弟のごとき存在と捉え、鳥の囀りや小川のせせらぎに神の声を聞こうとするところにその特色があるということは、よくいわれていることです。

わたしはご本を拝読して、山内さんがスコラ哲学を選択したことは決して偶然ではないと確信しました。山内さんは、「私は『哲学的な鮭』だ。源を探していたのだ」（九〇頁）とご自分を評しておられます。わたしには山内さんとスコラ哲学との邂逅が、山内さんの水源に帰ろうとする旅の第一歩と見えたのです。

スコラ哲学へ

> フランチェスコの語る世界には、貧しき人々ばかりか、動物、植物、地・水・火・風のエレメント、生と死まで含まれている。そしてそれらをすべて、兄弟姉妹と呼んでいるのだ。このコスミックな感覚を、私はいつも追いかけている。
> （一〇八頁）

山内さんのこの言葉はとても印象的であり、山内さんの思想と学問を理解するための重要な鍵を提供するもののように思われます。この言葉を記したとき、山内さんはフランチェスコが見ていたアッシジの情景の背後に、ご自身の故郷の風景を透視しておられたのではないでしょうか。

湯殿山麓での生活において、山内さんは無数の小さきものたちに取り囲まれていました。水が冷たいために成長できないサンショウウオがいました。散るためだけに咲くようなヤマザクラがありました。横岫（よこくき）の峠（とうげ）には、「淫祠（いんじ）」と形容されるにふさわしい風貌の〈うば様〉が祀られていました。

それらの一つ一つはか弱くはかなげで、すぐに忘却のかなたに姿を消してしまうようなものたちでした。晴れやかな聖性とも無縁です。けれどもある瞬間、それは確かにそこにあったのです。そこにあって、そのものにしかできない形で光を放っていたのです。不安定で不確実で、すぐ失われてしまうものであるからこそ、かえっていつまでも心に残ることもあるのです。

この世のなかのあらゆるものたちを兄弟と捉え、その一つ一つに神の恩寵を見出すフランチェスコと、思想家としての山内さんとの共通点は、まさしくこの小さきもの、不完全なるものへの温かな眼差しにあるように思われるのです。

山内さんは、かつて自然のなかに遊ぶときに受けた感覚を次のように語っています。

言葉はなくても、語りかけられているという感じはしょっちゅうしていた。誰もいないのに、誰かがそこにいるような感じなのだ。（八六頁）

この感覚は、わたしもよくわかります。わたしだけでなく、わかるという方はたくさんいるに違いありません。にもかかわらず、哲学をはじめとする近代の学問は、こうした証明不可能な現象や追体験できない個人的な出来事を、徹底的に排除しようとします。この世界を、どこまでも理性的な範疇に留めようとするのです。

わたしたちは「世界」あるいは「社会」という言葉を用いたとき、その構成員として想定するのは人間です。けれども、人類の歴史を遡っていったとき、この世界は人間だけのものではありませんでした。神仏といわれる超越的存在をはじめとして、死者、動物、植物までもが一緒になってこの世を構成していました。むしろ人よりも神や死者がより重要な位置を占めていた時代が長く続いていたのです。

どこまでも人間の理性によって普遍的なるものを追求しようとする近代西洋哲学は、そうした世界観からもっとも遠い地平に位置するものでした。そこでは感情を排した論理が重んじられ、人間以外の存在とその痕跡は徹底して無視されました。

それとは対照的に、かけがえのない多様なものたちが混住する世界という感覚を一番よく残していたのが中世哲学、なかでもフランシスコ会の思想家たちだったのではないでしょうか。わたしには近代哲学がもつ「冷徹な」空気に違和感を抱いた山内さんが、スコラ哲学へと向かうのは必然の道筋だったように見えるのです。

「存在が花する」

哲学の世界にスコラ哲学という居場所を見つけた山内さんは、「存在の意味を求めて」、いよいよその本格的な探求に乗り出します。

淫祠に祀られる小さき神仏たち。そういったものへ、フランチェスコの眼差しは注がれる。（一〇三頁）

この言葉ではフランチェスコが取り上げられていますが、「淫祠」に注がれる「眼差し」とは、彼を物語った山内さんのそれにほかなりません。

湯殿山のヤマザクラは秘めやかに清楚に咲き乱れます。周辺にはなにを祀るとも知れない無数の小さな祠（ほこら）が散在しています。花はすぐ散り、野辺の神仏は忘れ去られます。これらは「存在」という点からみたとき、取るに足らないものでしかないのでしょうか。そこに真実はないのでしょうか。

普遍性を重んずる近代哲学からすれば、これらは普遍なるものからもっとも遠いものたちです。しかし、そのありのままの姿を受け入れていくこと、それが存在確認の第一歩に他ならないのです。

そして、存在へ向けた旅はこれで終わりではありません。次のステップとして、「花が存在する」段階から、「存在が花する」段階への沈降が求められるのです。そのためにはいかに心打たれようとも、そこにあるものを愛でるだけでは不十分です。対象の表面をなぞるだけでなく、その起源に向けて襞の奥深くに沈潜していくことが不可欠なのです。山内さんはそのことを次のように記しています

「西洋哲学を『勉強』してしまうと、存在は普遍的で空虚で自明で定義できないと素直に信じてしま」（二〇四頁）います。しかし、逆にそこにあるものの集成だけでは存在の核心までは到達しません。「区々たる事実の細部を集成して得られるものではなく、事実の起源としてのあり方と、身近に迫りくるアクチュアリティとをあわせ持ったもの」（二〇四頁）が求められているのです。

これを湯殿山についていえば、「湯殿山の本質は、お湯の出る霊巌や即身仏や一世行人などに収まりきるものではなく、金胎両部の大日如来たる湯殿山の本尊との一体化にこそある」（一九一頁）のです。山内さんはこのことを、「ゴミのごときものとしての」「〈私〉が、微塵のまま無限なる宇宙を表現できる」（一四〇頁）という過激な表現を用いて述べておられますが、その意図するところは同じと思います。「崇高なものの内にのみ、神は顕現すると考えるのは一面的」（一九二頁）なのです。

わたしはこの言葉を拝見したとき、かつてわたしが愛読したヘルマン・ヘッセの、「地上の

現象はすべて一つの比喩である。すべての比喩は、魂が、用意さえできていれば、そこを通って世界の内部へはいることのできる開いた門である。その内部へ行けば、君もぼくも昼も夜も、すべては一体なのである」（「イリス」高橋健二訳、ヘルマン・ヘッセ『メルヒェン』新潮文庫、一九七三年）という言葉を思い出しました。この世のあらゆる現象が、聖なる領域へと通じているのです。

聖なる眼差しの気配を——近代を超えるために

ここまで書いてきて、たいへん失礼なことをいってしまったのではないか、あるいはまったく山内さんの真意をとりちがえているのではないか、という強い恐れを抱いています。しかし、他方で、それならそれでも構わないという思いも持っているのです。卓越した見識は諸方面に刺激を与え、たとえ見当外れなものであっても、たくさんの活発な応答を引き出すものですから——わたしなりに考える貴重な機会を与えていただいたことに、深く感謝しています。

これまで記すことはありませんでしたが、実はわたしも東北の田舎の出身なのです。わたしの出生地は宮城県の丸森町というところでした。茅葺屋根の、囲炉裏のある家に育ち、自生する木イチゴや百合の根をよく食べました。養蚕が盛んな地域で、家ごとにカイコが飼われていました。

東北大学に進学したわたしが選んだ専門分野は日本思想史でした。大学紛争の時代でもあり、最初は当時の問題意識をストレートに反映して近代を専攻するつもりでした。しかし、わたしはすぐに自分が扱っている時代に違和感を覚えるようになりました。

すでに述べたように、世界の構成者を人と考えるのは近代的な現象です。人間以外を排除するのが近現代の世界観です。わたしは丸山眞男ら、当時の代表的研究者から深い影響を受けながらも、徹頭徹尾、人を主役として描き出されるその歴史像に、田舎の空気を吸って育った自分が求めているものとは異なる体臭を感じ取ったのです。わたしが結局選んだ時代は中世でした。

かつて世界が近代といわれる時代に突入したとき、人々は人間の理性の限りない進化の先に、この世にユートピアが実現することを夢想しました。けれども、いま近代の成熟の果てにわたしたちが目にしているものは、深刻な環境汚染であり、人類を幾度も滅亡に至らしめるに足る大量の核兵器であり、三・一一の震災で倒壊した原子力発電所の残骸にほかなりません。

科学技術の進歩に向けられた疑念は、わたしたちが抱いていた人間観にも大きく影を落とすことになりました。文明化に伴う理性の進化に対する期待と信頼が、過激で独善的な差別主義とナショナリズムの勃興という現実の前に挫折を強いられていくのです。

環境問題にせよ原発問題にせよ、またナショナリズムの問題にせよ、今日わたしたちが直面している社会的課題の困難さは、それが文明の未発達から生じるのではなく、文明の成熟にともなって浮上した点にあります。近代化の進展によってすべての問題が解決するというストーリーが描けないところに、目下の事態の深刻さがあるのです。

これらの問題が文明化の深まりのなかで肥大化したものであるとすれば、その病状診断を行って対応策を考えようとする場合、近代という枠組みのなかでそれを行うには限界があります。むしろ近代を超える長い射程のなかで、こうした問題を生み出す近代という時代の異形性を浮かび上がらせるという方法が求められているのです。いま必要なのは近代そのものを相対化しうるような視座の確立です。わたしが山内さんのご本を拝読して大きな可能性を感じたのはまさにその点でした。

現代は何者かによって見つめられているという感覚をなかなかもてない時代です。たとえもったとしても、現代人が暗闇に見出すのは邪悪な眼差しがせいぜいです。けれども本来そこには聖なる眼差しもあったはずです。いま必要なのは多様な存在とこの世界をわかち合っているという、その感覚を取り戻すことではないでしょうか。

柔らかく人の世界を包み込むものたちへの注視、それが痩せ細った哲学を新しい土台に接木して再生させるための第一歩となるのではないでしょうか。わたしには未来哲学への一つの道のりがここから始まるように思えてならないのです。

骨の鳴る音に耳をすます
——佐藤弘夫さんへ

山内志朗

死者と伴走する

佐藤さん、私もそう呼ばせてください。佐藤さんのことは、一昨年お目にかかる前に『死者のゆくえ』（岩田書院、二〇〇八年）を既に読んでいて、その本に描かれた風景に心惹かれていました。ご本では東北の遠野の光景の記述から始まり、「死者」が、過去に生きていた人を指示する記号としてではなく、生者の世界とある独自の関係において並存している姿として描かれていると感じたのです。使用されている写真にも、私が足を踏み入れた場所がたくさんあって、写真を撮った佐藤さんご自身が感じられるような気持ちになりました。初めてお目にかかったとき、初対面とは感じなかったことも、ご本を読みながら霊場を同行しているという感覚が染みついていたからなのかもしれません。

今回は、あの本『湯殿山の哲学』をとても深く読み込んでいただいたことに感謝します。湯殿山という仏教本来の信仰の対象というよりも民間信仰の聖地の側面が強く、しかも「語られぬもの」としてあり続けてきた場所、私自身がここに連なって育ったことが、西洋哲学と折り合いをつけにくいことを意味したとは、後年のいつわらざる実感です。哲学の広い道を逸れて、草藪に迷い込むように中世哲学に踏み込み、やっと出会ったのがフランシスコ会の思想でした。迷う心はいつもフランチェスコに戻るのが常でした。ではなぜ、湯殿山なのか。佐藤さんにはそういった道筋、難渋を強いる山道を辿っていただき、いや同行していただき、感謝の言葉しかありません。

旅立ち、重力を逃れて

死者とともに住まうこと、誰も日常的な意識のあり方においては、それを望んでいるわけではないでしょう。生者の世界、世間で生き延びることに疲れ、死者に日々心を遣る余裕などないはずですから。だから、死者の供養は職業的宗教者に任せてきたのでしょうし、生者がこの世を去り、混乱と悲しみをもたらす過程で、残された生者との関係も含め、秩序をもって死者を死の世界に送り届ける儀式を司るのが宗教者の務めであったのは、当然のことでした。

私は子どものころから、小学校の裏に広がる、立派なのに、打ち捨てられ、誰もお参りしようとしない多数のお墓たちにとても心惹かれていました。私の生まれ育った村が「本道寺」というお寺の名前だったのに、「寺」という文字が含まれている地名であることに何も感じるところはなかったのです。意味を持たない固有名詞と考えていたというよりも、そこに触れてはならない歴史を子どもながらに感じていたのです。

明治維新の廃仏毀釈によって、真言宗だった寺が強制的に神社とさせられ、寺のない村として、名前そのものに悲劇が込められていたこと、ここに素通りされるべきものとして扱われる要因があったということかもしれません。私の先祖も寺の歴史に翻弄され、財産を失い、集落の片隅に移り住むしかなかった人々でした。草むらの、名も知らぬ草の葉の裏に隠れているかもしれない精霊や死者の霊たちに、子どもの私が心惹かれてばかりいたことも、そうした歴史を心の底に受け継いでいる徴（しるし）なのかもしれません。

遠く離れながらも、私は生まれ育った村を忘れたことはありませんでした。昔の繁栄を失えば、その村は豪雪地帯で、山深い過疎の村でしかありません。冬の間は、何もない毎日で、山菜、漬物、缶詰、それらが日常を構成していました。ですから、私は都会に憧れました。大人の男たちも、冬の間は仕事もなくなり、これといってすることもないので、半年の冬の間は家に帰ることもなく、都会に出稼ぎにいくのが習わしでした。しかし昭和三〇年代以降、道路工事、ダム工事で、自然を破壊しながらも多くの雇用が供給され、村にも貨幣経済が浸透してきました。

アウグスティヌスは、「私の愛は、私の重力である」と『告白』の最後で語っております。あの時期のあの村では、経済が重力でした。その引き寄せる力に抗いたくても、その抗う心は、引き寄せる力に立ち向かい続ける気力を削がれました。上に進もうと思っても、下に引き寄せる力の中で心は少しずつ挫けていくものです。

哲学を学ぼうと、東京に出てきました。都会は、田舎出の青年の心を挫けさせるのに十二分すぎる誘惑と道具をもって待ち構えていました。都会とは、重力の巨大な中心核だったのです。哲学に相応しい場所かどうかも考えずに、書物に充ちた都として憧れていました。

故郷の襞へ

「故郷は遠きにありて思うもの」と室生犀星は歌いました。しかし、あれほど飛び出したかった故郷は、いかに遠く離れたいと思っても、ついに逃れることのできない対象でした。それは心の意識に顕在的に持続しているものではなく、ふとした光景に飛び出してくる、そんな気配というべきものでした。

初雪が降って、そのうち消えることのない根雪が降り始め、辺り一面を白くというよりも、鼠色に染めてしまう季節がくるたびに、雪を呪わしく思っていました。また半年、雪に埋もれた生活をするのだと、鬱々たる気分が空から降ってくるのだと感じていました。

しかし、上京して住み、そして新潟での再びの雪国経験の後、また東京暮らしをすると、雪が降れば、近くに散歩に出かけ、雪景色を眺めずにはいられない気分に襲われたのです。東北の山地では、雪が降るとき、暖流の湿った空気が空で雪になって降ってくるので、吹雪のときは別ですが、雪模様の天気のときは存外暖かかったのです。東京で雪の中を出かけると、みなが寒い寒いと言っていても、「なんで寒いものか、雪のときはあったかいぞ」と心で呟いていました。都会の雪を経験していて、山奥の雪に埋もれた、色彩を失っていた世界が、総天然色に変容した姿として立ち現れてきたのです。

雪を呪いながらも、それは自分の身体の中に沈殿してハビトゥス、いや血肉と化した雪への愛憎だったのです。そのことに気づいたころ、語られぬまま、そして自らを語らぬままとどまり続ける湯殿山の呟きを語ってみたいと思ったのです。

こういう愛憎が、中世の哲学、特に存在の概念に向けられたまま、契合（けいごう）することなく哲学を続けてきてしまいました。だからなのでしょう。自分が語るべき場所を確認することの困難が続いていました。しかし、月山（がっさん）の渓谷が、存在の襞（ひだ）に対応し、一筋の襞を登拝するように、湯殿山巡礼が江戸時代になされ、それが村を盛んにしていたというのであれば、昔の出来事は消滅してしまったとしても、それを語ることは大事ではないのかというヴィジョンが湧いてきました。もしかすると、これは井筒俊彦さんの「存在が花する」という言葉とつながったように思えたのです。

書き始めをどうするか、ずいぶん悩みました。湯殿山と中世哲学とを結びつける本の執筆を慫慂（しょうよう）されながらも、書きあぐねていたのです。霊場の始まりを示す奪衣婆（だつえば）が、私の生家の二キロメートルほど川下にあったことに気づき、その奪衣婆の像に「書かっしゃれ」と促されるように書き始めたのが『湯殿山の哲学』という本でした。

江戸時代に、越後では、伊勢神宮に巡礼することは「お西参り」、湯殿山に巡礼することは「お東参り」といっていた村があったようです。東日本のずいぶん広い範囲に湯殿山信仰は広がっていたようです。物見遊山の側面はありながらも、二週間ほど精進潔斎してから出かけましたから、また夏とはいえ、山の上では雪も残り、天気がくずれれば、真冬のような気温になりますから、遭難して命を落としかねない難行にもなったようです。斎藤茂吉も荒れた天候での湯殿参りの大変さを書いています。

霊場参りで、人は旅人になります。旅人は、定住する場所のないまま、居心地の悪さを感じ続けながら移り住んでいきます。西洋中世でも、人間の現世での境涯は旅人（viator）とされていました。神の国こそ父なる国、祖国であり、現世は居心地の悪い旅の状態であり、人は現世において祖国に帰りたくなるのだ、という心象風景がありました。芭蕉の『奥の細道』の冒頭にも同じような心象風景が描かれています。

現代の人間は、どこにお参りすればよいのでしょうか。私は目的地を知らされずに旅に放り出された人間として、都会に出てきたような気がします。ふと、自分が生まれた川に戻ってみようと思ったのか、自分の起源を知りたくて、存在概念を探求したり、川（寒河江川）の源流にのぼるような湯殿行を調べたくなったのかもしれません。

骨の鳴る音

霊場と死は、切り離すことができません。霊場にいくと、苦しみと痛みの中で死んでいった人々への思いに胸が張り裂けるようです。そのような場所に立ち、時代を隔てた現在の時点からいくら祈りを捧げても、死んでいった人々の苦しみを幾分かでも軽くすることなどできません。いくら花を手向け、線香をあげ、祈りを捧げてみても、死んでいった人々の苦しみは何一つ減りはしません。しかし、痛みや苦しみが、一七世紀フランスのジャンセニスムの聖人、サン＝シランが考えたように祈りとなり、そして功績（功徳）にもなるとしたら、それは未来への贈り物になるのかもしれません。霊場に怨念も呪いも漂っていないとしたら、それは何を意味しているのでしょうか。不在と非存在の確認でしかないのかもしれません。しかし、意味を担いうるのは存在や現前のほうだけなのでしょうか。

　人類の歴史が痛みと苦しみの累積ではなく、そして人類という種の存在が痛みと苦しみをこの地球上に累積していくためにあるのではないとしたら、未来への贈り物の蓄積として捉える道筋も見えてくるかもしれません。

　霊場も十字架も贈り物の場であると考えるのは、きっと思い過ごしなのでしょう。しかし、私はその思い過ごしを確認するために、その地を訪れてしまいます。私もまた〈存在〉の祠(ほこら)であり、〈存在〉という海の様態であることを感じるためかもしれません。

　佐藤さんは『霊場の思想』（吉川弘文館、二〇〇三年）や『死者のゆくえ』（岩田書店、二〇〇八年）でお骨・遺骨のことを詳しく語っておられます。とりわけ、愛犬を河原で荼毘(だび)に付した描写には心打たれました。

拾った骨を陶製の茶筒に入れ、河原を歩いているとき、浮石を踏んで体が揺れ、壺の中で骨がかちりと小さな音を立てたと書かれています。乾いた音から思い出が溢れ出てきた様子が感動的に伝わってきます。昔の人々は、納骨のために遺骨を携えながら、その音を聞きながら、死者と対話を重ねながら旅をしたに違いないと記されています。これは、とても大事なことです。

お骨の扱い方には見逃しえない論点が含まれているように思います。「生々しい霊性と感動」は、テキストや、シンボルとして呈示される仏画・仏像よりも、お骨といったマテリアルなものに現れる、これは確かなことです。キリスト教でも、聖骸布(せいがいふ)といった本物であってもおかしくない、不可能ではない聖物に圧倒的な崇拝が寄せられてきました。生や死は、学者や職業的宗教者は別として、庶民はマテリアルなつながりに圧倒的な心の安心を見つけてきたような気がします。私は、即身仏という湯殿山の信仰に、そういった土俗的な心性の響きを感じました。お骨の響きも、無意味な響きではないはずです。

天籟(てんらい)、地籟(ちらい)という言葉があります。存在というエレメントも、地底から響く、聞こえないけれども体に浸透し続けている基底音ではないのか。存在とは土臭い、泥臭いものではないのか。いや、私にとって湯殿山とは、存在ということを考える場合に、逃れようにも逃れられない機縁だったのです。ちょうど、アヴィセンナが存在は偶有性であると言ったときに指しているのは、本質を構成するというよりも、本質を可能にする条件、実体の手前にあるもの、〈私〉の手前にあって〈私〉の現れを見守っている者としての、根源的な意味での偶有性ではないかと思えたのです。この存在=偶有性説を受け継いだのが、ドゥンス・スコトゥスでした。仮にそれが妄想であるとしても、死が生の偶有性であるという言い方も可能になってくると思うのです。

ハイデガーは存在忘却を語りました。存在の音を聞きながら生きることは、現代人にはできないのでしょうか。ドゥルーズは存在の一義性を語りました。西洋哲学においては存在という一つの声が鳴り響いているのだと語りました。鳴り響いているのに忘却しているとすれば、それは地籟のように幽冥（ゆうめい）すぎて、それを生々しく感じ取る能力を近代人が失ったからなのでしょうか。

未来に進もうとするとき、そういった聞こえなくなった音を取り戻すことも必要でしょうが、可聴域を越えて甲高く響くデジタルな電子音をも聴き取る能力が必要なのかもしれません。感覚器官（sensorium）としての人間のあり方が、概念や観念では伝わらないリアリティを感じ取る能力が求められているのだと思います。

ラテン語でsensoriumなどと言うと、難しい事柄を述べているようにも見えます。しかし、決してそうではないのです。哲学的概念を通れば遠い道のりも、マテリアルには近い場合もあります。マテリアルなもの、骨がぶつかる音を聞くことができるのがsensoriumという能力なのです。概念で語れば遠い道のりも、花一輪や線香一本で済む場合も少なくありません。もちろん、そういう直接的、いや無媒介的な道行きは危うく、魔物や偽りも多数登場する道筋です。しかし学問の道が選別的である以上、滑りやすい道が多くの人に用意されるのは救済論的には必然だったように思います。

湯殿山の登拝路、修験道の道を歩きながら、いつもそんなことを考えてきました。お骨が人を救済し得るとしても、理論は思ったよりも人を救済しないのかもしれない。なぜか、そんな思いがしてならないのです。

人は無駄に死ぬことなどできない

「生々しいリアリティ」「生々しい宗教性」「生々しい存在感」「生々しいイメージ」という言葉と、佐藤さんの本の中で出会い、心に刻まれました。名もなき人々に受容され、彼らの心に刻み込まれ、希望の灯をともしてこそ、リアリティが与えられます。

哲学の岩のように冷たくて硬いテキストの背後に思想の熱源を感じとれないのは、時代の違いによるのか、空間的な隔たりによるのか、テキストを読み感じる能力に欠けるからなのか、心は千々に乱れます。

霊場に赴き、そこで亡くなった人々のことを考えるとき、死の生々しさは生者には伝わらないまま、ガラスの壁がそこに現れます。そのとき、骨やミイラはこちら側に生々しく何かを伝えてくれます。葬式も法要も、生きた人間では通り抜けることのできないガラスの壁を往来する者たちへの供養の儀式なのでしょう。

中世前期において圧倒的なリアリティを有していた冥界が、他界が縮小してゆき、忘却されていく様、つまり「世俗化」や「近代化」という流れを歴史は描いています。現代はそうした流れを好ましいものとして捉えてきました。その結果、私たちはずいぶん黒く暗く見える未来を目の前に持つようになりました。

意識の根源をゼロポイントと井筒俊彦は呼びました。そこは、暗闇でありながらも無限の光輝でもあって、静寂と轟音、言葉で表現すると矛盾を炸裂させる、心を激しく掻き立て続けるもの、しかし語られえないものの一つの姿が描かれていました。その姿を湯殿山の姿として、語られぬものでありながらも体現していると表現することは許されることだと思ったのです。

語られえぬものを語ること、不可能性を知りながら語ることは、死者の墓の前で死者の生時の苦しみの消滅を願うことと似ているのでしょうか。「祈り」として両方を語ることができるとすれば、通じるところが出てくるのでしょう。

そして、ふと私は即身仏のことを思い出してしまいます。即身成仏という空海が説いた教義が地方の山岳信仰においてねじれ、十穀断ちの荒行によって腐敗することのない身体をこの世にとどめ続けるのが即身仏修行となってしまったのですが、そこには何か問われるべき課題が詰まっているように思います。

即身仏になった方々は、学問を収めることのなかった非正規の僧＝一世行人（いっせぎょうにん）という身分の人々でした。例外はもちろんありますが、腐敗しない身体を目指しての千日修行の後、ごく少数の幸運な例として残った現在の即身仏の方々は、自分の肉体を通して何かを語りかけているのでしょうか。そこにあるのはおどろおどろしさではなく、自然の響き、湯殿山の渓谷の気配ではないのでしょうか。骨を拾いながら、その人の人生を一つに取りまとめながら心に収めるのが骨上げ（こつあ）という儀式だと思います。

苦しみや痛みは、それ自体で祈りであり、功徳であるという考えは裏付けることのできない、単なる思いなしです。これは概念によって構築される体系には似合わない発想でしょう。しかし、哲学の風景が情念によって描かれるものだとすれば、死者の痛みや苦しみは、未来の人々への贈り物として捧げられたものかもしれません。サン＝シランはそのように考えました。

死者たちが未来の人々に捧げた贈り物、これは笑い飛ばすべきことかもしれません。しかし、東日本大震災にしろ、新型コロナ禍にしろ、その災いに対して備えることもできず、短い間に亡くなっていった本当に多くの人々の功徳ということが可能であるとすれば、それをそのように語ることもまた、祈り、未来への祈りとはならないのでしょうか。予想できない災いがこれからも数限りなく、人類に与えられ、それを生き延びることは、過去の死者たちへの応答になりうるのかもしれない、私はそう思いたいのです。

いかなる死も無駄ではありません。人は無駄に死ぬことなどできはしないのです。

初出＝『未来哲学』第二号、二〇二一年五月

対談　情熱の人、井筒俊彦の東方

山内志朗・永井　晋

井筒哲学と現象学

山内　私は井筒俊彦がいた慶應大学言語文化研究所の所長を、昨年（二〇二〇年）まで務めておりました。そこで、井筒さんのさまざまな原稿、その他の書き物を拝見するということがあって、その意味でも浅からぬ縁を感じておりました。ただ、私自身が井筒さんを読むようになったのはそれほど昔のことではなく、二五年ほど前に私が書きました『普遍論争――近代の源流としての』（哲学書房、一九九二年）、ここでの主題は近代哲学の源となった一七世紀の論争で、そこに集中しており、井筒さんの本に触れる機会はあまりなかったのです。ただ、そんな中でも中世哲学に取り組んでおりますと、イスラーム思想の影響がいかに大きいかということに、嫌でも思い至ります。そのときには、イスラームの哲学史に関しては、手近に手に入る本があまりありませんでした。そこでその頃から私もアラビア語を勉強し始め、中世哲学会でも、イスラーム思想をやらない中世哲学者はモグリであると随分けしかけ、若い世代の人たちにアラビア語を勉強させようとしたのですが、そううまくはいかなかった。

そのように強く必要性は感じていたのですが、実際にはアラビア語でテキストを読むということに、あまり気が進まなかったというのも事実です。その頃、井筒さんの『意識と本質――精神的東洋を索めて』（岩波書店、一九八三年）を教科書として、勤めておりました新潟大学の教養課程で授業をしました。そのとき、学生たちは目を白黒させるばかりで、「まったくわからない」と。いま思えば、これもまた私にとっては、井筒先生との大切な、面白い出会いであったと思われます。

そんな折り、専門としていたドゥンス・スコトゥス研究を通して、「このもの性」というきわめて魅力的であり、かつ謎めいた概念に引きつけられていたのですが、その概念の起源がイスラーム哲学の「フウィーヤ」＝このもの性だということを、『意識と本質』を読んで教えられ、「このもの性」をめぐって暗中模索の状況におりましたので、これはもうイスラームを学ぶしかないと覚悟を決めて、四〇の手習いでアラビア語を始めました。

それに加えて、私自身の出自とかかわって、西洋哲学と修験道との関係について、こちらも悪戦苦闘のさ中だったのですが、私にとって井筒さんを読むことがここでもまた大きな意味をもつことになったと思われます。出自と申しますのは、私の先祖は出羽三山の一つ、湯殿山の先達でして、つまり山伏なのです。山伏とは、修験道とはいったい何なのか。即身仏とは何だったのか。なぜ、湯殿山信仰は廃れていったのか……。関連するさまざまな問いが、頭の中で渦を巻く状態だったのですが、ただ西洋哲学と修験道、この二つは私の中ではまったく関係のない分裂したものとしてあって、次元の異なるものとして、あえて結びつけようとはしていませんでした。

井筒さんの『意識と本質』との出会いはまさにそんな折りであったわけですが、そこにはまさしく二元に分裂した、二肢構造とでも言うべきものとの格闘が描かれておりました。井筒さんの場合、父親に、そうした根源的な分裂の姿を見ていたということがあり、それの解明に夢中になっていたという事情があります。そのようにして、まさに西洋と東洋とを結びつける道筋を探している人だったと言ってよいのでしょうが、私自身もまた西洋と東洋とが完全に分裂したままであったわけです。そして、頭の中ではドゥンス・スコトゥスと修験道とがせめぎ合っているという状態でした。そんな折りに井筒さんの本と出会い、知の巨人がどうやら私と似たような筋道で考え、格闘しておられるということに強く感銘を受けたわけです。そして、まさに「このもの性＝フウィーヤ」という概念とは何かという問題を手がかりにして、もがきつつその世界に入っていったということがありました。

西洋の中世哲学を専攻するとしても、四半世紀前の当時、トマス・アクィナスを研究する人が圧倒的に多く、他にはアウグスティヌスといった辺りで、それ以外にはまるで当たりをつけようがないといった状況でした。つまり、中世哲学の地図そのものができていない状況であったわけです。そこにイスラーム哲学とか東洋哲学を持ち込むと混乱の極致に陥りそうに思えますが、井筒さんはそうではなかった。そこでやはり目がくらんだと言いましょうか、あるいは惹きつけられたわけです。

私に見えていたイスラーム思想の風景は、アヴィセンナの存在論はどのような構造をもっているのかという問題とかかわって、存在偶有性と存在一性論、スーフィズムにおける神的な構造をめぐる修行の段階論などなどがつながってきて、それぞれが宿題となって山のように増えていった。他方では、井筒さんの広大な足跡をたどることも大変なことですし、アラビア語も勉強しなければならない。はたまた中世哲学のフィールドでも、トマス・アクィナスの枠組みを押さえつつ、それに対抗するフランシスコ会の流れも見ておかなければならないということで、まさに悪戦苦闘しておりました。

ですが、ここにきてようやく少し地図が出来上がったと言ってよいのではないかという気がしておりまして、今日、こうして永井晋さんと対談させていただく機会に、いろいろ見直してみたりすると、「ああ、なるほどな」と合点がいく思いも生じてきて、私自身の問題ばかりではなく、タイミングとしてよかったのではないかと感じています。

永井さんの場合、井筒さんとの出会いはどのようなかたちで始まったのでしょうか。その辺りからうかがえればと思いますが。

永井 「意識と本質――東洋哲学の共時的構造化のために」の『思想』誌上での連載が始まったのが一九八〇年、単行本となった『意識と本質――精神的東洋を索めて』の刊行が一九八三年ですね。私が初めて井筒さんの著作に接したのもこの本でした。強く惹かれたわけですが、なぜそれほど異様とも言える魅力を感じたのか。私は、学生の頃からエドムント・フッサールを一〇年ほど読み続けていました。そんな中で、いわゆる「東洋哲学」についても常に気になっていたのですが、西洋哲学の枠の中で現象学をやっていますとまったくそちらに取りつくためのとっかかりがなかった。しかし関心は持続していて、現象学的な思考をいかにすれば東洋哲学につなげられるのか、いつもこの問題を抱えていました。

最初、フッサールの現象学に取り組み始めた頃には、現象学の方法というのはすべての学の基本であって、記述の方法ですから、それを踏まえればどんな対象にもアプローチすることができ、いかなる哲学の問題にも踏み込めると思っていた。ところが、まったくそんなことはないということが、さまざまな局面でようやくわかってきた、その頃、井筒さんのこの本と出会ったのです。井筒さんの本では、東洋哲学が非常にわかりやすく書いてあり、その記述を使えば、東洋哲学に現象学的な方法をもってアプローチできるのではないかと思った、それが最初の出会いでした。

それから、『意識と本質』以外の著作も読み進めたわけですが、そこからさまざまなヒントが次々と出てきたという印象です。もう一つ、後年ユダヤ神秘主義を学んでいたときでも、井筒さんが書かれていた問題およびその事例と、たくさん出会うことになりました。逆にいえば、そんな事例を通して、井筒さんの議論がよりリアルにわかるようにもなったわけです。そこでまた、改めて井筒哲学に興味をもつことになった。現象学と東洋思想という枠組みにおいて、井筒さんの哲学はきわめて大きな可能性をもっているという印象、基本的にはそうした出会いであったかと思います。

山内　井筒さんの思想の中心をどこに設定するのかということについては、たしかにそれを探るさまざまな入り口はあると思うのです。『意識と本質』ではそのことと関連して、意識の〇ポイントに強調点が打たれ、そこから無意識の世界に展開して、さらに言語アラヤ識があり、M領域という想像力の世界があって、いわばそれらを土台として意識の世界がある、ということになります。それに比べてフッサールの現象学の立場は、当然ながら西洋哲学の長い伝統の上に成り立っていて、そこではやはりデカルト以来、意識の立場が強いと思われます。もちろん無意識に関する注目や考察も、さまざまな仕方で登場したでしょうが、そこにもやはり意識の立場の限定と制約が働くのではないでしょうか。

無意識の探求に突き進む井筒さんの姿勢と、現象学とその方法との関係については、どのような構図が描かれるのでしょうか。

永井　井筒さんは、無意識、意識という言葉を使います。そこではしかし、心とか魂、あるいは別の言葉も使えるのだと思うのです。そうすれば、そこに意識より深い次元が開かれます。けれども井筒さんの場合、主体の側における構造を指示する際に、それがどんな次元であれ意識という言葉が使われています。意識を表層と深層とに分けるというようにして。

現象学は、基本的かつ原理的には、ともかく何であれ記述できなければならないという立場です。無意識も記述できなければならない。あるいは、記述できるものとして無意識を捉えます。例えば、フロイトの夢の経験的な分析において、現象学的なイマージュ論というものはおそらく成り立ちますね。とすれば、それで無意識に接近することができる。ですから、現象学でほんとうに問題になるのは意識というよりも、むしろ「現れ」なのです。それを意識として、いわば一元的に記述してしまったのが、フッサールの問題のあるところでしょう。もちろんフッサールが意識と言っているのは、実際はむしろ「現れ」のことなのですが。「現れ」、つまり意識とは何かがそこに映る平面図、フィルター、あるいは鏡のようなもので、そこに何かが、また何かに映りながら現れる、現象するという構造、それが現象学だと思うのです。だとすると、そこに取り立てて志向性が働いていなくても、「現れながら隠れる」、あるいは「隠れることによって現れる」という構造があれば、それは現象学になる。そのような記述のほうが、「事象そのもの」に忠実なわけです。そこから、例えばマルティン・ハイデガーの場合は、意識をダーザイン（Dasein）という現れの媒体に置き替えている。あるいは、そうした方向に一歩を踏み出したと思うのですが、そこでは存在を経験するということが、存在が現れる場所になるわけです。

井筒さんのような形而上学の方向は、ハイデガーが踏み出したような一歩、意識から歩み出した一歩を意味するし、そう捉える方向にいくのがいいのではないかと思います。井筒さんは意識という言葉を使われますので、どちらかといえばフッサールのほうに近いような気もしますが、井筒さんが扱っている事態というのはむしろハイデガーの「現れつつ隠れる」に近いのではないかと思います。この点、イスラーム神秘主義によく似ていると言えますね。ですから、アンリ・コルバンは、ハイデガーからイブン・アラビーやスフラワルディーなど、イスラーム神秘主義のほうに入っていきますね。あのやり方が現象学だと言っていいと思うのです。コルバンは、現象学でイスラーム神秘主義を捉え、イスラーム神秘主義で現象学を深めました。井筒さんがイブン・アラビーの神秘主義に取り組んだ仕方、そうした方向で進めていけば、現象学的な探求の方向が開かれるのではないでしょうか。意識というタームを使ってもいいのですが、その意味内容は通常の意識とは変え、あるいは読み替えていかなければならないと思うのです。そういう仕方で突破していけるのではないかと思います。

山内　ハイデガーの存在の捉え方と、井筒さんの存在へのこだわりとは、一部分重なりつつも異なるところがあって、それがとても面白いと私は思うのです。ハイデガーの存在の捉え方は、『存在と時間』ですと、中世のスコラ神学に対する批判を踏まえているので、いわばアリストテレス主義に立っていると思います。中世の存在理解においては、存在とはきわめて自明で、そして空虚なものとされたり、しごく単純な事柄と理解されたりしていたので、ある意味では「存在の忘却」という整理になるかと思います。しかし、ハイデガーが当初からそう位置づけていたのかといえば、それは違う。ハイデガーが若い頃、取り組んでいたのはドゥンス・スコトゥスの研究でした。『ドゥンス・スコトゥスの意義論と範疇論』という博士号請求論文を見ますと、スコトゥス研究としてはスコトゥスの偽書も交えているので、今はもう読まれることはないのですが、私にはとても面白いなという印象があった。今回、ハイデガー・フォーラムでお話しする機会を与えられたので、読み直してみたのですが、ハイデガーはスコトゥスの存在理解の中でも、いわばイスラーム的なところに大いに関心を寄せているのです。

それは、いわゆる存在そのもの、つまり一三世紀中世はイスラームの存在論を取り入れるのにさんざん苦労するわけですが、その中でもスコトゥスは、アヴィセンナを積極的に取り込もうとします。マイスター・エックハルトもアヴィセンナを取り入れようと努めている。イスラームの「存在」は、実は中世哲学の隠れた太い流れとしてあるのですが、ハイデガーもドゥンス・スコトゥスにおける、そうしたイスラーム的な系譜に着目したということだと思います。例えば、「馬性は馬性でしかない」、あるいは「エンス・ラチオーニス」は――「理性の有」と訳されもします――、「存在している」ともいえるし、「存在していない」ともいえるようなものに対して関心を寄せているわけです。ただ、理性の有（エンス・ラチオーニス）の話は、ある意味では井筒さんのいう「有無中道の実在」（アーヤンサービタ）などと完全に重なるのですが、どういうわけかハイデガーはそれを切り捨てていくのです。

永井　ハイデガーが捨ててしまったのは、まさに中間界ですね。ですから、イマジナルの現象学や深層心理学の対象となる領域をすべて捨ててしまう。その辺りをもう一回取り込んで現象学を展開するべきだというのが、私の個人的な考えなのですが。ということは、ハイデガーをもう一度、読み替えていくことになります。コルバンもそういう仕事をした人ですね。その意味で、コルバンは重要だと思っています。井筒さんとコルバンとはなかなか複雑な関係ですけれども、だからこそ私は、井筒さんを読むときは必ずコルバンの議論を重ね合わせて読みます。その方向に、おそらく現象学の新しい可能性もあるのではないかと思っています。

山内　コルバンの言葉でいえば、想像界（mundus imaginalis）という魅力的な領域設定がありますが、これは井筒さんのいわれるM領域、創造的イマージュの世界などにつながっていくのでしょう。井筒さんにとっては、魑魅魍魎の跋扈する世界、あるいは元型イマージュの世界に関心を寄せる際の一つの源泉として、コルバンの考えがあると思うのです。ただ、今度、西平直さんが出された本（『東洋哲学序説 井筒俊彦と二重の見』未来哲学研究所、二〇二一年）では、「二重の見」「双面性」という言葉が使われていますが、井筒さんの場合、想像力の世界が双面性をもつ、つまり「存在している」と同時に「存在していない」という、言い換えれば〇ポイントに、無極に向かう方向性と、現実の多様な具体性に向かうという二つの側面が常にあるということを、井筒さんは強調されていると思うのです。コルバンの場合も、そのような双面性、あるいは二極性という捉え方は強いのでしょうか。

永井　コルバンでは、中間界（想像界 mundus imaginalis）を強調するあまり、井筒さんのように一番上と一番下とを一挙に結びつけるような、そうした発想はないと思います。ですので、やろうとしていることは中間界の記述、中間界の現象学であって、いわゆる中間界を超えてしまった神秘体験などはあまり問題にしないのではないかと思います。コルバンのハイデガーに対する批判も含めた関係はなかなか複雑です。よく言われることですが、初期にはハイデガーをよく読んでおり、若い時分に『形而上学とは何か』を仏訳していますね。そこからスフラワルディー、イスラーム神秘主義の研究に向かったと、つまりハイデガーが物足りなくなってイランにいったとよく言われますが、その言葉はどうも嘘のようで、両方に同時に取り組んでいたということのようですが、しかしおそらくハイデガーに欠けているものをスフラワルディーやイブン・アラビーに見出していったということではないかと思います。この経過に少し解釈を加えると、現象学によって迫ろうとする限りは、他に可能性がなく、スフラワルディーやイブン・アラビーのイマジナルの世界に行き着くしかないのです。これを回避するとすれば、ハイデガーやミシェル・アンリのように気分、感情、情感性など、現象野の否定に向かってしまう。私は現象学の立場からそのように考えています。

西欧の限界としての「嘔吐」

山内　スフラワルディーを、私はとても面白いと思っています。とりわけその「光の哲学」ですが、それは井筒哲学の地図を作る場合の一つの軸として設定できると思うのです。「光の系譜」には、プロティノスから始まって、不思議なことにロシア正教を介して「ロシア的人間」という論点につながっていく流れもあります。それから高橋巖さんが言っておられたことで、井筒さんを理解する場合のキーワードは「慈愛の息吹」（ナファス・ラフマーニ）、これは西洋のコンテクストに移せば「プネウマ」なのです。荘子などにいけば、「天籟、地籟、人籟」としての「風」となります。「宇宙の風」「存在の風」へ、そんな系譜もあるわけです。
しかし私がそこにたどり着いたのはかなり後のことで、私も西洋哲学から存在の概念へ、いわばハイデガー的な導きから入りましたので、論理的に井筒さんを読もうとしていたのです。そこでずいぶん遠回りをしてしまいました。
井筒さんの「本質」から少し離れるのですが、少しお話ししたいと思うのは、井筒さんが一九七一年に書かれた、*The Concept and Reality of Existence*（『存在の概念と実在性』仁子寿晴訳、井筒俊彦英文著作翻訳コレクション、慶應義塾大学出版会、二〇一七年）。この本の焦点は、存在の偶有性とはいかなるものであって、西洋がいかにそれを理解しなかったかという点にあります。トマス・アクィナスはまったく理解しなかった。

永井　そうでしょうね。

山内　わからなかったのは、ある意味、当然なので、その原因の一つはアラビア語をそのままきわめて不正確なラテン語に移したことで、あの翻訳ではわかるはずがない。トマスがあながち悪いとも言えないわけです。
しかし、アヴィセンナでも「存在の偶有性」に触れたものは、かなり晩年のテキスト、『タアリーカート（補遺記）』などに書いてあるわけです。つまり、「存在」というのは「……が存在する」というような述語としてあるのではなく、主語を主語たらしめる可能性の条件、すなわち器としてあるというわけです。述語にはならないから、本質ではなく、主語の外側にある、あるいは主語の手前にあるという意味で、特別な意味の偶有性であるというわけです。いわば「存在の先行性」「存在の第一次性」、これがモッラー・サドラーの思想とつながるのは当たり前なのですが、これが西洋哲学の枠組みに移されると何か得体の知れない思想に見えてしまって、誰も理解できなかった。ドゥンス・スコトゥスは、「存在の一義性」を捉えるとき、自らはアヴィセンナの存在の一義性の徒であったとしています。しかし、その論理構造を使うのにはなかなかに苦労するということがあったと思います。ただ、一四世紀以降、その辺りの理解がようやく広がり、定着し始めますけれども、それがまた忘れ去られてしまうのです。近代ヨーロッパは、それがわからなくなってしまう。

永井　そうだと思います。

山内　しかし、ユダヤにおいては、その辺りの継承は連綿と続いたでしょうし、イスラームでもイブン・アラビーの系譜にはありましたし、それも多様にあったと思われるのですが、なぜそのような東と西のギャップ、落差が出てきたのだろうかと思います。ビザンティンやユダヤにおいては、そうした東西の両方に対する目配せというものはあったのでしょうか。その辺り、いかがお考えになりますか。

永井　やはりそこが理解できるか否かということが、まさに西洋と東洋との違いであるということでしょう。西洋と東洋、もちろんベルクソンのような例外はありますが、やはり西洋というのは多くが概念化ですね、そのために非常に単純化してしまう。概念を通した対象化ですね。ですから、どうしてもその手前にはいけない。その「手前」は神秘主義になってしまって、哲学から切り捨てられてしまう。ですから、その限界のところに立って、東洋哲学として井筒さんがやろうとしたことは、イブン・アラビーについての井筒さんの言い方にならうと、存在概念に対して存在リアリティを対置するということ、存在が主語であって、「存在が無する」とか、「存在が花する」という表現を採ることになるわけですね。ですから、結局そこはわからないわけです、絶対に概念化できないのですから。絶対に対象にはできないということは、単純化し図式化してしまうと、すごく陳腐な感じがしますけれども。

西洋的思考というもの、表層思考というものは、絶対存在エネルギーそのものによっては動かないのではないでしょうか、存在そのものによっては。ハイデガーは後期に至っていろいろと試みるわけですが、そうすると神秘化などと言われてなかなか理解されない。しかし、「イルファーン」としてイブン・アラビーが挑戦したことは、存在エネルギーを学にしたわけです。哲学にした。ただの神秘主義ではなく、そこから出発して、存在エネルギーの自己展開として、本質を捉え直すわけです。外的な本質ではないということは、つまり存在エネルギーの自己展開ということ、無がおのずから形をとるということ、これが元型的本質であって、概念的本質はかなり後にそれを抽象して出てきたものだということです。そして西洋は、そこからしかわからないということでしょう。ですから、すごく単純化した、カリカチュアのような話に聞こえるかもしれませんが、事実そうなのです。ほんとうに西洋の多くの哲学はそこまでしかいけないように思います。

井筒さんは『意識と本質』でサルトルを取り上げ、嘔吐から東洋哲学が始まるとしています。嘔吐を実在体験だという。まさにそのとおりだと思いますが、言い換えればそこが西洋哲学の限界です。

山内　むき出しの存在、サルトルの場合は木の根にそれを見出して、吐き気をもよおしてしまうわけですね。東洋哲学のほうから、東洋的な思想の文脈から見れば、「存在」は「はじめ」にあるもので、気持ちの悪いものどころか、それが「道」であったり、「真如（しんにょ）」「空（くう）」だったりする。つまり、さまざまな局面に展開して表現されるわけですが、ともかく存在という次元を排除しない。そんな東洋的な論理は、どこか決定的に西洋とは異なっているという感じがあります。それを神秘主義と言ってしまうと、非論理的なものと見られ、扱われますが、そうではない側面、次元があるように思います。

永井　そうですね。井筒さんが「意識」と言うとき――意識というタームを使わざるをえないわけですけれど――、「深層意識」と言っても同じですが、それによって語ろうとしているのは、まず意識と存在とは離れない、分離することができないということです。存在論と意識論とは一体なのだ、と。例えば、『大乗起信論』でも、あるいはイブン・アラビーでも、東洋哲学では意識論は絶対に存在論と離れない。存在論は意識論であるというとき、それは何を語ろうとしているのかといえば、体験の中からしか語れないということです。存在そのものは、われわれが直に体験しているものなのだということ――それを「意識の深層」と名づけるわけですけれども――、そこではないでしょうか。東洋哲学は意識の深層を開けるんだ、と。深層を開けたところに、存在エネルギーの自己分節化としての元型的本質が、イマージュ的本質が現れてくるのだ、と。井筒さんの場合、この体験から出発した意識論と本質論と言えるのでしょうね。

神秘の横溢

山内　神秘主義と向き合う際、西洋では理解し難いものとしてまずは遠くに排除してから発想するように思いますが、東洋では身近なものとして感じてきたという側面があったと思うのです。例えば、井筒さんのお父上、信太郎さんが在家の禅の行者として、家の中には常に東洋的無の空気が漂っていた。東洋的な無を、日常生活において具現するような雰囲気が漂っていたそうですね。しかし、それにもかかわらず、井筒さんがよく使われた言葉ですが、「マドンナの理想を抱きながら、ソドムの深淵に没溺していく」。このマドンナの理想とソドムの深淵との間には、きわめて緊張した糸が張られているわけですね。悟りを開くといっても、世界が転倒するわけではない、煩悩が無になるわけではなく、煩悩即菩提、真言宗なども同様ですが、得悟しても世界は同じ世界であるとされます。それは何を意味するのか。それは二つの世界の間に張り渡された緊張関係、テンションだと思うのです。非物質的なものと現実的なものとの間、そこに強いテンションがあり、その両者を結びつけようとする希求が東洋的思想には強くあると思っています。井筒さんの『意識の形而上学――『大乗起信論』の哲学』（中央公論社、一九九三年）ですと、その緊張関係は「双面性」と言われますが、その後もさまざまに形を変えて表現されていきます。それを段階的にたどっていくと、スーフィズムの霊魂論と修行論に達すると思うのです。

永井　井筒さんは、その形而上学を頂点からどん底までを極めることだ、と言います。これが緊張した空間の一つの表現なのですね。一番上と一番下とが同じだということは、スタティックに同じというよりも、自己展開としてあることを表現している。それをイスラームで言いますと、人間はファナー（消滅）において、一者の中に入っていく。そのファナーした自我とは、つまり意識が深層まで開けていくということですね。深層意識が開け、そこにおいて一者が自己展開してくる、と。こうした自己分節化は、自己展開であり、これはすごくダイナミックな出来事なのです。存在そのものが自己顕現＝タジャリしてくるわけですが、この「自己顕現」、これは生命エネルギーの自己展開であって、ともかく動的で、そういう意味での強い緊張関係がはらまれている。これはまた時間的なプロセスではなく、永遠のプロセスですから、一者が常に自己顕現しつつ一に収まりながらも多に向かって展開していく生命エネルギーだということですので、井筒さんの二元の緊張した空間にはそんな生命論的なエネルギーがあるのではないかと思います。

曼荼羅（まんだら）にもそういう構造があります。曼荼羅は、中央から周辺に広がって、その周辺から中央に収斂していく。この動きを表しているということなのですが、それは今のイブン・アラビーの生命エネルギーの自己分節化と同じですね。井筒さん自身が両者を重ねています。これを「緊張関係」というのではないでしょうか。

山内　自己顕現、まさにタジャリですね。ここで、西洋の枠組みを前提にすると取り出せないと思うのは、「顕現」には湧出・氾濫のイメージがありますね。例えば、鮭が川を遡上する姿をイメージしますと、それこそ無数の受精卵を抱えた鮭が上っていく。卵のうち成魚となるのはごくわずかなのだけれども、毎年溢れるほどの卵が川底に産み落とされる。生命とは本質だけが受け渡されるのではなく、本質とその偶有性もまた受け継がれていく。そしてその偶有性は、「外部」ではないと思うのです。これを、イスラーム的に言うとファーダ（横溢・氾濫）でしょうか。まさに溢れ出る、横溢する、はみ出していくものなのですね。

永井　そうですね。

山内　それを、西洋流に情感とか情緒的なものと名づけてしまうと、それは余計なもの、おまけのようなもので意味がない、着目に値しないとなってしまいますが、タジャリ＝顕現には、「本質ではないもの」がそれこそ山ほど含まれているという気がします。

永井　そうですね、すべてがタジャリなのですから。何も逃すべきことはない、と。

山内　井筒さんの『意識と本質』では、意識の構造としてM領域がありますが、これはやはりタジャリのとても重要な側面を表していると思います。妖怪、魑魅魍魎、幽霊など、合理的に考えると結局はよくわからないと言うしかない存在者は山ほどある。そして、われわれはそれらと夢の中で出会ったり、夜の闇に見出したりするわけですが、ただそれらは啓蒙主義の光によって消し去られるべきものではない。それらは、人間の心の中にきわめてたくさん存在し、そもそも存在も生命も、そうした魑魅魍魎を産み出しつつ広がっていくと思うのです。

永井　その領域を哲学として扱える場は、西洋にはいまだなかなか登場しないですね。さきほどの話の流れに戻ると、コルバンが唯一、中間界、イマジナル界を持ちだすことで、その領域について語る可能性を開いたのだと思います。

井筒さんも『意識と本質』で書かれていますけれど、井筒哲学にも、その方向性は可能性としてありますすね。

息、息吹、気

山内 さきほどの「慈悲の息吹」（ナファス・ラフマーニ）ですが、これも一者の自己顕現の一つの姿です。慈しみの息吹、慈しみが愛として現れると言われる。井筒さんは、『スーフィズムと老荘思想――比較哲学試論』（上下、仁子寿晴訳、慶應義塾大学出版会、二〇一九年）――翻訳不可能と思われていたこの本を、仁子寿晴さんがよく訳されたものだと思います。すごい本です――でイブン・アラビーの基礎は「慈悲の息吹」で、あると言っています。慈悲、愛と言ってもよいでしょうが、「光、存在」と語ってしまうと、なにかが抜け落ちてしまう面を含んでいると思いますすし、「慈悲、息吹」には荘子や老子（タオイズム）とつながるところが強調される意味もあると思います。慈悲、風といった語をあてることについて、どのようにお考えになりますか。

永井 息吹とは、ルーアッハ、「神の息」ですね。それはやはり生命論の文脈で考えられます。例えば、ユダヤですとネシャマー、創世記（ベレシート）で神が人間を創造するときに息を吹き入れて生けるものとするその「生命の息」ですね。ルーアッハは少し次元が低い。ネシャマーは神の息です。その意味で、もっとも高い次元にある。人間の創造にあたって神は土で人間をつくり、その鼻にネシャマーを吹き込む。そして、人間は生きるものになったという物語。その息は、ルーアッハ（息）や、ネフェシュ（魂）に降りてくるという階梯がある。

霊性にかかわる語りの冒頭にあるのは、ですから生命原理ですね。具体的な身体をともなう人間として、われわれ一人一人が生きているということは、その中には息が循環しているわけですけれど、その一番最初にあるのは神のネシャマーが人間の中に入り、そしてルーアッハやネフェシュとなって生命の原理になる。これがまず劈頭に出てくる息の話ではないかと思うのです。

イブン・アラビーの『慈愛の息吹』は、コルバンのイブン・アラビー論でもその冒頭に登場します。おそらく井筒さんもそれを読んで、イブン・アラビーに取り組んでいると思うのですが、「慈愛の息吹」とはもともとハディース（ムハンマド言行録）の言葉ですね。神が「私は隠れた宝であった」と言い、したがって孤独である、と。孤独で悲しいから人間を創造し、その人間を通して自分で自分を見る、自意識を持つ、と。その文脈に置かれている「慈愛の息吹」ですね。

刻々息を吹きかける、慈愛の息吹を吐くというのは生命論だ、と私は思います。ネシャマーもそうですけれど、やはり生命ですね。それが一瞬一瞬、新たになる、そのすべてが「慈愛の息吹」です。さきほどの例でいえば、曼荼羅が拡散し、同時に収斂する運動、イブン・アラビーの多者への分節化と一者への回帰とが、無と有の間を行ったり来たりするというイメージ、その元にあるのが「慈愛の息吹」ではないかと思うのです。その意味で、生命論として私は理解しています。

山内　「息吹」ということの概念的な構造については、さまざまな分析の仕方があると思うのですが。私の場合は、息吹とは、私の中に内属するものではなく、入ってきたあと、必ず外に出ていく。しかも他者の中へと入っていくところにポイントを置いて理解したいと思っております。まさに現在の新型コロナウイルス禍で、空気を通じ、唾液を通じて感染することがありますが、空気とはいったん吸えば、また吐き出すものであって、そうした循環するものは、アリストテレスの実体モデルからは、ほとんど排除されてしまうのですね。

永井　なるほど。

山内　プネウマもそうですが、ある特定の実体に内属し、その所有者にならない、占有者にならないというのはとても大事なことだと思います。生命現象も、遺伝子の働きもそうですが、遺伝子は特定の個体を専有し、所有物にしたり、されたりするわけではない。他の人の中に入り、また伝播していくものだということ、これは案外大事なことではないかと思いますね。その意味では、風に近い気がするわけです。そんな宇宙論的な感覚、風として捉えられるような存在というのは、流動し、浸透するわけですから二〇〇〇年前の人の原子や分子が、もしかするとわれわれの中にやってきているかもしれない。ですから、ムハンマドを構成した分子がわれわれの中に入ってきたり、老子を構成していた分子が入ってきたりしていても何の不思議もないわけですね。

永井　そうですね。

山内　そんな感覚は、井筒さんには近しいものであって、壮大なコスミックな感覚があり、その辺りの現れの一つが「慈愛の息吹」と、そんな配置になっているのかなと思ったりするのですが、ただ井筒さんが星空を見上げてコスミックな感覚に浸っていたかどうかは本を読んでもわかりませんけれど、きっとあったに違いないとも思うのです。

永井 やっぱりもう一つは「気」ですね。井筒さんの好きな、イスラームやインドや中国の伝統医学や、カバラーでも同じですけれど、気が身体に宿っているとする。ですから、息（ネシャマー、ルーアッハ）というのは、中国でいえば「気」ですね。身体の外部と内部とは気で結ばれていて、それが循環している。人間の身体を、もちろん西洋的な意味での物体・物質としての身体ではなく、生ける身体、生命の媒体として考えるわけですね。それを神学的・宗教的に言うとすれば、神の息吹が自分の中に宿っているというわけですが、それは「気」と言ってもいい。中国医学にもよく登場しますが、人間の身体をつまるところ元型的身体の一つの実現とするといった考え方ですね。あるいはカバラーではセフィロート。セフィロートとは身体であって、そこは気と発想がまったく同じなのですが、具体的な個人個人の身体の元型がセフィロート身体です。「アダム・カドモン」（原初の人間）とは、イマジナル空間に、最初に神の内部に創造される「人間の元型的な身体」。それがセフィロートを形成する。つまり、二段構えになっていて、その微細な身体と言いましょうか、インドのヨーガの身体のような、そんな元型的身体が一人一人の人間の身体に宿っている、と。そのように二重に考えられていて、元型的身体を通して神の息、あるいは気が身体をめぐっていくという宇宙論的なスケールの議論になっていくのだと思います。

息、風といった生命の原理について考える一つの手がかりは、私の場合、「気」です。中国医学では気の存在はわかる、経験できるわけです。それも、われわれの身体の中に感じ取れるわけですから。一番わかりやすいのではないかと思います。いきなり「微細な身体」、セフィロートのようなことを言われても、にわかには信じられない、取りつけないですね。

山内　中国医学では、「気の流れ」ですね。それが滞ると病気になるといったように……。人間の体それ自体が気の流通経路なのでしょうね。

永井　そう、「経絡(けいらく)」ですね。生命が循環する経絡、セフィロートの結ぶ管、それが経絡です。面白いのは、それは実際に経験できるということです。飯田橋に矢数道明という有名な漢方医がいらしたのですが、彼は少し触っただけで体の不調のすべてがわかると言います。身体を流れている気に触れることでわかる。「慈愛の息吹」も、それに生命論や医学的な表現を与えていくと、また別の具体的な展開ができるようになるのではないかと思ったりします。

山内　気という捉え方は、まさに「理気二元論」などがありますが、西洋の思想とはやはり異なるところがありますね。西洋の思想では、なんと言っても理が、分節化することが大事で、分節化したものを言語化しようとするところが強いですが、気とはまずもって「流れ」ですので、ある意味では言葉に定着させることが難しい面もあるでしょう。ただ気は、感覚を通して接触することでわかる、具体的にわかりやすいものかもしれませんが、反対にそこには論理性はあるのかなという点が気になります。

永井　なかなか論理化は難しいのですが、中国の文献のように、論理というより経験的な「記述」ですね。ある種の物語化した記述で、それはもちろん西洋的な学問ではないのですが、気にしろ経絡にしろ、それを読み取る自分自身がその対象なのだから、それを外部から対象化することはできない、と。イブン・アラビーでも存在エネルギーでも、自分自身がそのエネルギーそのものなのだから対象化して語れない、と。自分がそれであるものについて、自分について語るということは、想像力を使うなどしない限り語れないですね。対象化できないので、科学的な言語で一義的に語れるわけではないですから。その意味では、気も存在エネルギーも、やはり論理化することはできないでしょうね。直接経験して、それを何か詩的な方法を駆使して語る、あるいは物語的な構造を持たせるなどするしかないのではないでしょうか。

セム的論理——井筒哲学とドゥルーズ

山内 イブン・アラビーはとても魅力的です。新潟大学にいるとき、学生が興味をもって、イブン・アラビーで「卒論を書きたい」と言い出したのです。

私も、アラビア語ではとてもイブン・アラビーを読みこなせないから、『叡智の台座』を英訳で一緒に読んだことがあるのです。すると、わからないといえば、まったくわからないのですが、その「わからなさ」とはいったい何なのか。ともかく文体がいろいろな局面に飛ぶのです。つまり、一つは宇宙論、あとは医学的な内臓の話、心理学の話、地球の大陸の話、植物の話、砂漠の話、これらが層をなして、いわばアレゴリーのミルフィーユのようになっている。

永井　そうですね。

山内　それが構造的な対話を試みると、ラクダの話が天体の話に飛んでも、この地図とこの地図とが重なっていると見えてくれば、「ああ、そうなのか」とわかってくる。その辺りが、まさにそこがアラビア文化のすごさだなと思った経験があります。

永井　それはよくわかります。アラビア語とヘブライ語、要するにセム系言語からきている発想ですね。アナロジー思考であって、まったく西洋的論理とは異なるのです、当然かもしれませんが。

一例を挙げれば、何かを「思い出す」ということ。井筒さんが、『意識と本質』でよく使う言葉がこれなのです。「そういえば、こういうことがあった」とそっちへ飛んで、つないでいく。学問でそんな展開をしていいのかとも思いましたが、「そういう話をしていたのだが」、「このことは、中国のこれを思い出させる」など。つまり、連想でつないでいくという仕方です。メタファー思考とか連想思考と言われるものですね。なにかしら、どこかが似ているというだけで、その話に飛んでしまったり、形が似ているということから、別の場所にいってしまったり。いわゆる西洋的な論理には絶対にならない。私はこうした発想を「生命の思考」と呼んでいるのですが。

生命はどんどん展開していきます。いわゆる思考の論理ではとても追いつけない。その生命の論理は、アンリ・ベルクソンの『創造的進化』の「エラン・ヴィタル」のように、まったく意味的には関係のないところへ炸裂して飛んでいってしまう。これを論理と言うなら、これがセム的論理なのではないかと思います。あるいは、「増殖の論理」。それがリゾーム状にどんどん増殖していく、ジル・ドゥルーズ風にいえば。ドゥルーズには、イスラームによく似ているところがあります。

山内　ほんとうにそうですね。

永井　ドゥルーズの思考は、ほんとうにイスラームに似ている。デリダはユダヤ的で、ドゥルーズはイスラームに似ているというと、なにか不思議な感じがしますけれど。しかし、西洋的論理を内側から崩していこうとするときにまず出てくるものは、ヨーロッパではおそらくセム的思考なのではないかと思います。

ベルクソンの中にそれがあって、ドゥルーズはそこを受け継いで展開したのではないか、と。しかし、ほんとうに面白いですね。そのイブン・アラビー的思考……。

山内　ドゥルーズにイスラーム的な思想、あるいはイブン・アラビー的なものがあるということに、私もまったく同感です。たまたま、私も今、ドゥルーズで本を書いているのですが、その路線です。

『差異と反復』（財津理訳、河出書房新社、一九九二年）にしても、『意味の論理学』（上下、小泉義之訳、河出書房新社、二〇〇七年）にしても、まさにそういった同じものが反復することによって、無限に多様なものが顕現するというタジャリの構図なのですね。そこのところをドゥルーズ研究者たちはあまり言いませんが、ほんとうはとても強調すべき点だと思います。

永井　たしかにそうです。

山内　イブン・アラビーの持っている面白さは、それが想像力の世界であるところで、想像力の魅力とは、アレゴリーでさまざまな物事を切っていくところにありますね。アリストテレスは一次元的なカテゴリーで物事を分類してしまいますが、それがセム的な世界だと、「この料理だったら、これ」、「植物だったら、これ」、「宇宙だったら、これ」という具合に、いろいろな層の対応関係が自由自在に飛び交う。そこがわからない人から見ると完全にジャングル、迷路なのですが、その構造が了解されると、飛ぶのが楽しいのです。

永井　そうそう、そうです。

山内　瞑想的な世界、お互いに言葉を超えて触発し合える世界ですね。イブン・アラビーがアヴェロエスと会ったとき、アヴェロエスが「ナーム」（はい）と言うと、イブン・アラビーが「ラー」（いいえ）と言った、と。アヴェロエスは「はい」と、つまり肯定の人なので一次元的な西洋的思考で考えるけれど、イブン・アラビーはまさに即非の論理で、一つの次元を切り捨てて次にいきましょうという感じで、「ラー」によってバンバンッと切った上で飛びましょう、と。そこがよく現れていて、これはすごく面白い話だと思いました。

永井　さきほどのメタファー思考、あるいはアナロジー思考というのは、井筒さんの「分節化II」だと思うのです。井筒さんの一つの欠点と思われるのは、結局は西洋の論理に落とし込もうとするので、どうしても伝わってこないところがあるのです。「分節化II」と言われても、あるいは「すべては流動している」と言われても、「そうですか」にとどまって、具体的にそれがどういうことなのか、よくわからない。けれども例えば、アナロジー思考では、まさに融通無碍に飛び交っていくわけですね。いわゆる論理・表象思考ではないから、新しいものがどんどん出てくる、増殖していく。西洋的な表象論理から新しいものが出てくるのは非常に難しい、過去から理解するのですから。そこには、快感もないわけです。面白さというのは、西洋的な表象論理を突き破っていますから、つまり実在するものの動きですから、それはどんどん関係のないところに飛んでいく。それが快感なのだと思うのです。

「分節化II」ということで井筒さんが言ったのは、おそらくそういうことですね。しかし、その内実が伝わらないから、井筒さんの議論は普遍化するために西洋的な論理を使おうとする。「意識」も「深層意識」も「分節化」もそうですけれど、そうした言葉を使うことによっておそらく井筒さんが語ろうとしていたであろう、一番基本的な経験がまったく伝わらなくなってしまうのです。ですから、ドゥルーズのように語れば、あるいはデリダの脱構築のようなことをすれば、われわれはその流動性を、「分節化II」を——つまりそれは実体なき変化ですね——、変化そのものとか、生成変化とか、そういうものを感じ取れると思うのですが、井筒さんの場合は残念ながらそれがまったく伝わってこない。井筒さんの経験とは、基本的にはそういうものではなかったかと思います。

山内　ドゥルーズは、まさに言われたような井筒さん的な世界を表現するために、ほんとうに苦労していますね。

永井　そうなのです。

山内　とにかくドゥルーズが、ドゥンス・スコトゥスの一義性や、それが西洋哲学では存在という一語にしかなりえなかったことなどを語り、そこにスピノザやニーチェをもってきて、同一性の反復によっていかに多元的なものが現れるのかということを、いろいろな道具を使いながら語ろうとするわけですが、それも一種の自己顕現の話だと思いますし……。

永井　そうですね。「分節化Ⅱ」とは潜在性をめぐる議論に違いないわけです、中間界の世界とは……。

山内　「分節化Ⅱ」のところは、井筒さんの頭の中にほんとうはもう少しいろいろなイメージがあったのでしょうけれども、文章を読む限り、同じことの繰り返しなっているのですね。

永井　そうなのです。そこが井筒さんの作品を読むときの一つの罠にもなっている。それで、わかったと思ってしまうのです。今言われたように、やはり単調ですね。すべての局面に同じ構造をつくってしまって、その反復ですから。しかし、それぞれの経験は、まさに個々に特殊な経験であって、それぞれに特異なあり方をしている。井筒さんの作品を読むときは、そこに注意しなければならない。構造だけを取り出してくるのは、ある意味、便利なように見えて、逆にいえば致命的なことではないかと思います。

井筒哲学の時間性――予言とフィグーラ

山内　井筒さんの哲学ではあまり語られないことですが、時間性との関係が少し気になっていまして……。井筒さんの本の中では、『意識と本質』でも、『意識の形而上学』でも、時間性は表立って取り上げられてはいないのですが、実はこの問題には思いのほか取り組まれていたのではないかと、そんな気が私にはするのです。なぜ、そう言うのか。一つには、ドゥルーズの存在論のポイントは時間論だということがありますο つまり、未来をどのようにして先取りするのかということです。西洋の時間論では、アリストテレスに典型的ですが、時間とは運動の数とされるので、未来はまったく考慮できないのです。法則によって推し量れるものであれば、わかるわけですが、法則を外れたものは予知できない。たしかにそれはそうなのですが、文学の世界でも、キリスト教でもそうですが、予言とその実現との関係は常に問われてきました。旧約聖書では型、原型と言われ、七十人訳では予型（テュポス）とギリシア語に訳され、さらに後代にはエーリヒ・アウエルバッハが「フィグーラ」（予告とその成就との関係）と言いますが、それらは要するに未来を先取りするという話なのです。もちろん過去と未来との間には相互に行き来があるとされますから、構造は複雑になりますが、言葉にすればフィグーラ、表徴、予兆など、いろいろな訳し方があるし、パスカルも『パンセ』において悪戦苦闘し、もがくわけです。その辺りに潜む問題、アウエルバッハが着目し、ヘイドン・ホワイトが「フィグラル・コーゼーション」（目的としての予告・予知）として取り組んでいるのは、まさに過去に約束を見つけるという話なのです。旧約聖書・新約聖書の関係を考えるとき、旧約聖書の「イサクの奉献」が「キリストの十字架」のいわばフィグーラ（予見）としてあって、実はその約束が十字架において実現するのだ、という捉え方です。現在の事柄を考察する上での理解が過去の中にあり、それを発見することによって過去にある約束がなされていたことがわかる。ですから、今なされていることはその成就なのだということで、イエスが十字架に架かることは人間が救済されることの証拠になるというわけです、パウロはそれを論理化するわけですが。

この話はいったい何を意味するのか。つまり、時間は一方向に線的に流れるのではなく、未来に起きるはずのことが、先行的に成立しているのを過去の中に読み込むことで、そこに一つの流れが出てくる。これはきわめて文学的な世界だということかもしれませんが、それが井筒さんの想像力をめぐる考察には、どうも潜んでいるのではないかという気がします。ある種、潜在的にということかもしれませんが、井筒さんの中に時間性への問いが、未来をどのように形づくるのかという問いが——まさに今、未来哲学研究所でやろうとしているわけですが——、そういう論点があるような気がするのです。井筒哲学における時間性について、永井さんはどんなふうにお考えになりますか。

永井　今の井筒さんの時間論についてのお話は、どのテクストでしょうか。

山内　井筒さんは、明示的には時間論についておそらく書かれていないと思うのです。私の見当で申しますと、今、時間論で関心を持っているのは「フィグーラ」、つまり旧約聖書と新約聖書とを結びつけるためのロジックです。これまで哲学の人々は、これをまったく無視してきたのですが、実はとても重要な論点としてあるのではないかと思い、最近私なりに注目しているのです。井筒さんの話の中にも、例えば『意識と本質』でそういった想像の話（mundus imaginalis）の中にあると考えられますし、また「分節I」「分節II」というのも、それを取り込んでいるような気がしているのです。それは無理な読みでしょうか。

永井　井筒さんの議論は無時間的ですね。あえて空間化すると言われている。例えば、『意識の形而上学』でも、完全に空間化しますと、ベルクソンに申し訳ないというようなことを言っている。すべての時間性を空間に還元します、と。構造を取り出すということですが、一つの方法として時間はすべて空間化してしまいますと、時間を括弧入れしてしまうことになる。ですから、井筒さんの「時間論」として真っ先に思い出されるのは、曼荼羅論です。つまり、さきほど来、話してきたことでもありますが、瞬間において拡散すると同時に収斂する。これは瞬時の出来事ですから、時間的な瞬間、時間の中の瞬間ではないわけですね。むしろ刹那、絶対に時間に入ってこないリアリティの垂直の運動と言いますか。その意味での時間化ではないのですが――ある意味ではこれも時間化なのかもしれませんが――、それはいわゆる普通の流れる時間とか時間意識の現象ではありませんね。現象学的にいえば、時間化とは現象化ですね。時間化しないと何も現象しない、と。音が聞こえる、机が見えるなどは、すべて時間化しているわけです。意識が形成されるというのは、時間化しているということです。

イブン・アラビーやスフラワルディーのようなイスラーム神秘主義、あるいはカバラーでもいいのですが、これらで見えてくるイマジナルな世界とは、そうした普通に音が聞こえるとか、音楽が聞こえるとか、机が見えるということとはまったくレベルを異にしていて、一種の幻想的な世界と言うべきものですね、ここで幻想というのは非実在ということではないのですが。それは、普通の意味で時間化してはまずい、と。普通の意味で時間化してしまうと知覚になってしまうので。例えば、「天使が見える」

と言っても、天使を知覚しているわけではなく、想像しているわけですから、それはいわゆる人間の意識の時間化とは違います。しかし、とは言ってもイマジナルな世界にあっても何らかの時間化が起こっているのではないか、と。このことは私もずっと考えているのです、微細な別の時間化として。

イマジナル界がどうやって時間化するのか。おそらく、それはハイデガーのような「死への存在」ではなく、おそらく「死のかなたへの存在」なのです。死のかなたの時間がある。レヴィナスがやったのは、そういうことです。つまり、人間の有限的時間性ではなく、それに先立つイマジナルな次元での時間があるということは、ある意味では別の実存的時間なのかもしれませんが、ただしそれは死に面した時間ではなく、死のかなた……。そんな時間は、どのように考えられるのか、もちろん答えが出てはいないのですが。

井筒さんの場合は、おそらく無時間的、超時間的な瞬間で、しかしイマジナル界にはおそらく別の時間化が働いていたというふうに思います。

山内 その辺りの問題、とても面白そうですし、大事な論点が隠れているような気がします。たしかに井筒さんの枠組みには通常の意味での時間論は見出しにくいと思います。井筒さんの方法論は、共時的構造化と言いますか、時間性をいったん捨象して、いわば中国もインドもヨーロッパも同じ一つの時間の中に無時間化して、そこから共通の構造を取り出すといった発想ですし、そういう意味でボエティウスが言った「とどまる今」、つまり人間は「流れる今」を生きていて、それに沿って一つ一つたどっていくしかないのだけれど、神様は別に逐一、実際に経験しなければわからないわけではなく、一つの瞬間においてすべてを理解する……。

永井　そうですね。

山内　「垂直的な時間性」と言いましょうか、ボエティウスはそんな考えを持っていたと思います。垂直的な時間性……つまりすべての歴史を一瞬にして見通すような「神の知」、それに憧れるのが神学の課題なのかと、これには反発も予想されます。それは違うという人も出てくると思う。しかし、井筒さんの理解もおそらくこうなのではないかと思うのですが、人間の知識としては生きるという経験の中で、時間においてしかたどりえないとしても、神様であれば一瞬にしてすべてをご存じである、と。とするなら、われわれもそれを無時間的に一瞬にして取り出してみようではないかと、知的な体験としてそれを希求する、それと出会うことに憧れるという態度はあると思うのです。たしかに方法論的には、そのように時間的なものを無時間的に捉えようとすることによって現れてくるものはあると思いますが、しかしさきほどのフィグーラもそうなのですが、未来の事柄が約束として過去にあったということを捕まえるためには、神様的な見方からは、「これはこうなって、ああなっていく。だから、実はこちらに約束があったのだよ」という語りにできますけれど、人間は神様にはなりえないわけですから、それを読み込むと、おそらく大失敗してしまうと思うわけです。

永井　そうですね。

山内　一見すると無時間的なものに還元するようにして、歴史的な出来事を捉える立場はあると思うのですが、しかし、それによってすべてが無時間的になり、時間性が捨象されるとも限らないような気もするのです。先のお話に出た、タジャリ（顕現）については、たしかに井筒さんは無時間化する、空間化することによって語ったと思いますが、そこに時間性が示すべき本質というものも取り込んでいる気もします。そこはいかがですか。

永井　なかなか難しいところですね。ただ、井筒さんの方法論と、それから井筒さんが扱っている対象、つまりイブン・アラビーのそれとの関係なのですが、井筒さんの方法はなんと言っても神秘体験に依拠している。例えば、イブン・アラビーのタジャリ経験をそのまま方法にしているようなところがあって、ですから共時的構造化も、イブン・アラビー的な経験をそのまま方法にしたということではないかと思うのです。

西欧と非西欧との間の深淵

永井　時間論の問題は、さまざまな局面と要素があって、一直線には突破しえないところがあると思いますので、少し別の角度から……さきほどの「フィグーラ」、過去と未来との関係、過去に予め原型としてあったものが現実となった、というのはキリスト教の発想ですね。

山内　ええ、そうなのです。

永井　ユダヤ教的には、それは絶対に認めませんね。新約聖書のほうから旧約聖書を意味づけるということは。絶対そんなことがあるはずはないと考えますね、そもそも新約を認めていませんから。キリスト教の側からすれば、約束には違いないけれども、結局その約束は守られなかったではないかと、旧約では成就されなかったではないかと言いますね。それは現象学でいえば、空虚な思考が充実されなかったということになる。「空虚なもの」に強調点が置かれるわけです。ところがユダヤ的な発想からすれば、充実されてはまずいということになる。

ユダヤ的には、文字は記号ではない。それは常に新しい解釈を呼び起こして更新されていかなければならない。文字が記号だとすれば、その文字が指し示したものが与えられれば、「充実された」ということになる。キリスト教的な発想はそうです。キリスト教の側からは、ユダヤ教というのは文字に過ぎない、とよく言われます。それは、文字、あるいは約束を記号に過ぎないと言っているのと同じことで、その記号は充実されなければならないということになる。イエスがやってきて、記号を充実させた、と。

ところがヘブライ語、ユダヤ的言語は記号ではない。ユダヤでもイスラームでも神秘主義では文字は神のタジャリ（顕現）ですから、いくらでも、どのようにでも新しい解釈可能性を含んでいる。ですから、それがどんな方向にいくかはわからない。それを一義的に充実されて、成就されると考えること自体が、まずありえないわけです。

もう一つは、その解釈がキリスト教を正当化するためになされている、ということです。そのために、「旧約」聖書になる。トーラーが旧約聖書になるということは、古い約束になるということですね。新約聖書から、「予兆」と読まれること、アブラハムによるイサク奉献のように、それが予兆になっていたという発想自体が、ユダヤ教のほうからはやはり二重の意味で絶対に認めえないところでしょう。

山内　言語の限界と言いますか、言語というものをどのようなコンテクストに位置づけるか。言語の捉え方が、セム的な考え方と、西洋的なもの、また東洋的なもの、それぞれにまったく違うということですね。

　文字そのものが一つのシンボル、あるいは文字を神様の顕現と考える、その辺りは仏教、唯識の「種子」という発想とも近いものがありますね。文字そのものが仏様を表す。文字そのものに力が宿っているという考え方ですね。ある種、魔術的で、まさに六角形の方陣を描くと、そこに力が現れてくるといった発想に近いかもしれません。

永井　まったくその通りだと思います。お話ししていると、きわめて難しい問題がどんどん出てきますね。それもとりわけこの半世紀、西洋哲学の限界に対する反省がなされてきたことの一つの現れではないかという気がします。私も含めて、西洋哲学研究ばかりをずっとやっていて、五〇年前などは西洋哲学をとにかく消化しようと、それが絶対の真理であるかのように思っていた。私の学生時代もそうでした。

　しかし、今、非西洋的なものに視野を拡大してみると、ドゥルーズであれ、ジャック・デリダであれ、まったく別の目で見ることができますね。かつては先端の現代フランス思想を、よく訳がわからないままに追いかけていたわけですけど、なぜ訳がわからないのかが、よくわかってきます、今の話でも。ただ流行を追いかけ、おかしなことを言っていただけではなくて、西洋の論理の限界をみんなそれなりに見ていた。デリダはユダヤですね、確実にカバラー的発想です。パリにいた時、ゼミの後でこのことをデリダに訊いたことがあるのですが、否定も肯定もしませんでした、それも当然ですが。ドゥルーズはイスラーム的な思考の型。それも彼らがユダヤやイスラームの文献を読んでいたとか、そういうことではなく、西洋的ではない思考の型、それはやはり生きている。われわれが西洋哲学を勉強しただけでは、それはわからない。そのことが最近ようやくわかるようになってきたという気がします。

東方的な「飛躍」

永井　西洋的論理を相対化してしまえば、まさに井筒さんがよく「ミュト・ポイエーシス」とか、イマジナルの言語化とか言っていたことは、西洋的哲学の論理では不可能ですね。つまり言葉は、すでにして記号ではありませんから。詩的言語であったり、それこそ喚起するものなのですね、単純に意味するのではなく。言い換えれば、さきほどのセム系言語とは、新しい発想を喚起する言語であり、何かを理解したり伝えたりする言語ではないということです。アナロジー思考というのも、そういうことではないかと思うのです。それは連想的思考なのですが、「連想的」とは何かといえば、井筒さん的にはそれが「分節化II」であって、それに対して「分節化I」は理解したり、安定させる、固めるための思考です。「分節化II」は、解き放つための思考ですから、詩的言語や文学に近いのです。

山内　山岳信仰の「神号」やマントラ、これらはまさしく喚起するための記号ですね。陰陽師(おんみょうじ)が使ったとされる「急急如律令(きゅうきゅうにょりつりょう)」、文書の最後に置かれた呪文・護符ですが、いろいろな文字を書くことによって、禍封じ、おまじないにする、そんなものもありますね。それを非科学的なものとして捨て去ることもできますが、しかしそれを喚起するものと捉え、人間の深層意識に働きかけているのだとすれば、ある種の効果を持つと考えてもおかしくはないですね。

永井　そうだと思います。密教なのでしょうか。

山内　密教というより、修験道のことを考えています。修験道には、山岳信仰として、もともとの日本人の持っていたさまざまな原始的な信仰が習合しています。太陽神とか、天照大御神の信仰、農耕神の思想などを、いろいろ足し合わせて出来上がってきます。しかし、修験道の発想は、基本的には大地からエネルギーを受け取るというところにあると思います。山伏は、山に伏す。伏して、そこからエネルギーを吸収するのだという説明がありますけれど、実際に小屋もつくらず、テントも張らず、山の中に寝泊まりするのです。

永井　そうですね。

山内　鍋を使わずに飯を炊く。つまり、人工的な道具を使わずに、自然の中で生活していく人々です。葉っぱだけでお米を炊く方法を、山の人のか。どうすれば鍋を使わずに米を炊ける人々です。葉っぱだけでお米を炊く方法を、山の人は知っているわけです。また、野の草花のうち何が食べられて、どれとどれを合わせるとどうなるのか、どんな効果が生まれるのか、そんなことも知っている。生存術なのですね。

永井　そこにはやはり独特の思考が、広い意味での思考があるのでしょうか。レヴィ゠ストロース的に言うと「野生の思考」で、それらが有効に機能する世界があるのでしょうね。

山内　本草学的に「これは食べられない。あれは食べられる」ということを習う、学習するのではなく、食べてみて、「これは毒がある」と知るというようにして経験知を積んでゆく。トライアル・アンド・エラー、試行錯誤によって世界を組み立てていく。手触りで、触手というう感覚を通して、世界を広げていくというあり方ではないかと思います。

永井 それは、広い意味で哲学化できないものなのでしょうか。

山内 ウィトゲンシュタインは、一見すると厳密に論理化した人に思えますけれど、私は案外、手探り思考だったのではないかと思っています。哲学的思考と言っても、一律な類型化は難しいですね。例えば、チャールズ・サンダース・パースでしたら「アブダクション」となりますし、いろいろな人がさまざまな発想をするわけですが、やはりそこは職人芸と言いますか、名人芸ですから、受け継がれにくいところがありますね。気づかれないまま、それぞれ単発で、それらの同一性も差異性も認識されないまま埋もれている感じがあります。

例えば、南方熊楠のように、異質なもの同士の関係を見抜いて、粘菌と曼荼羅とを結びつける。それが得意な人もいますね。安藤礼二さんの熊楠論の書評を書いたのですが、安藤さんは南方熊楠と鈴木大拙と土宜法龍(どきほうりゅう)とがつながってくる、さらには西田幾多郎も、とされています。発想それぞれの関係には、たしかに曼荼羅的な構図を描けるところがあって、さまざまな対象と場所において多次元的に同じ現象が見出されるということが、明治の日本人にもあったような気がするのです。イブン・アラビーなども完全にそういう人だったように思います。井筒さんもそういう人ですし……。

永井 そうですね。異質なもの同士を異なる原理で結びつけていくということなのでしょうね。近代的な思考ではそれがまったくわからなくなってしまっていて、何かおかしなことをやっているとしか思われないのだけれど、おそらく内的なある種のつながり、論理で結びつけて……。

山内　今日だと、すぐ検索して関係のネットワークを調べてわかった気になりますけれど、それは結局、合理的に合成された網の中で検索するだけなので、ブリコラージュ的と言いますか、東洋的な思想の持っている飛躍の理解はなかなか難しくなっています。

永井　そうですね。飛躍ですね、ほんとうに大切なのは。

語りえないものを語る

永井　少し話が飛びますが、近頃の終末論流行りと言いますか、地球温暖化をはじめ、宇宙論的なスケールで終末が実感され、終末論的な構図をもって語られることが異様に多くなったと思います。終末論とは、一つの時間化の型と言ってもよいかと思いますが、さきほどの井筒哲学の時間性とも関係しますので、少しこの問題を……。

ハイデガーの哲学はある意味の終末論です。ただ、ハイデガーの場合はいつくるかわからないという切迫感になっていきますので、むしろ、問題はその仕方以外にどのように語るかということになっていきますね。その辺り、どうなのでしょう。

山内　さきほど、レヴィナスの思考はそういった終末観ではなく、つまり「死に向かう存在」という定式ではない、別の枠組みだと言われました。すると、レヴィナスの時間論は、常に人間的な終末ではなく、それとは別の無限性を捉え、そこでは、絶えず先にある、先送りされるものということになるのでしょうか。

永井　レヴィナスの終末論はエロス論ですね、産出です。ある種の増殖、子を産むということです。『全体性と無限』までやめてしまった議論なのですが、そこにはすごく大きな可能性がある。私はエロス論は、セム的な思考としても、きわめて重要だと思っています。

井筒さんも、セフィロートの説明の際に「聖なる結婚」とか、神と人間とのエロス的関係などを取り上げていますけれども、雅歌に出てくるような神と人間とのエロス的な関係が、具体的な人間同士の恋愛とかエロス的な関係になって、子を産むという、そこにレヴィナスの時間論の基本的な構図があると思います。

山内　ハンス・ヨナスも未来倫理学を語る文脈で、人間には未来に対して生殖する義務がある、と言います。言われていることはわかるのですが、例えば今回のコロナ禍の状況を見ると、人間の増殖が始まって以降、それは幾何級数的なスピードで増加して、現在の時点が上昇線のどのあたりにあるのかを示すデータもあります。産業革命によって人口爆発が起こり、その過程では、食料生産や、ＧＤＰなども飛躍的に上昇することによって、人類はこの地球上にこれまで生きてこられたわけですが、しかしもはやとてもそれでは保たない、と。そこで宇宙への移住を考えなければならないと、ＪＡＸＡ（宇宙航空研究開発機構）の人々などはこれからの未来を考える上で地球上に生存しうる人間の数をはじき出し、どこでバランスすることができるのだろうという話をしている。宇宙に一人を送り出すためには膨大な資金を要するので、それも現実的ではない。そうした流れで考えると、未来倫理学が増殖のすすめで、一人あたり子どもを三人産む必要があるなどというのは、あまりにもありえないことだという感じがする。でも、生命は無条件に善であるというテーゼは、その通りであって、それを否定するわけにはいかない。そんなジレンマの中にあって、レヴィナスのエロスの話にしても、ハンス・ヨナスにしても、そのまま「はい、そうですね」と呑み込むわけにはいかない状況に、われわれはいるような気するのですけれど……。

永井　たしかにそうだと思います。それらは一神教の発想を基礎にしている、ユダヤの発想ですから、そこはまったく別の観点からの発想が必要です。

山内　時間論として「未来」を考える時、理想的な未来として個体数が増えれば増えるほど善なのだという世界観や歴史観では、もはややっていけなくなったという感じがします。

永井　レヴィナスのエロス論は、文字通り子どもを産むということだけではありません。要するにさきほど来、話の出ている「分節化II」の世界です。まったく予想を絶したものが現れる、と。その一つが子どもであり、エロスなのです。レヴィナスも、文字通りに子どもを産むということも想定しているでしょうが、それだけではなく、現象学ですので、そこに登場する基本型はユダヤ的なテクスト解釈だというわけです。限られた文字から無限の新しい未来像が増殖していくという、あの思考法だと思うのです。ですから、西洋的な「分節化I」的な論理を破ったものというのは、まったく新しいものが出現するということであって、その一つの形態なのではないでしょうか、子どもの問題というのは。

山内　カバラー、ユダヤ神秘主義の発想だということですね。文字そのものが一つの力を持っている。例えば、テムラーとか、ノタリコンとか、文字を解釈する方法がありますけれど、例えば666が悪魔の数字であるとか、ネロはヘブライ語で書くと666になるとか、私はあれについては……。

永井　あれは少し違います。カバラーも、迷信的なカバラーというのがあるのです。庶民の、いわゆるおまじないの類がたくさんある。それらはおくとして、哲学的なカバラーは生命論であって、まったく新しい解釈を産み出していくという、それに尽きるのです。

山内　文字そのものに一つの永遠なる力が宿っていて、それが無限の解釈可能性の前提になっているということなのですか。

永井　そうですね。文字に力が宿っているというときに、超自然的な呪術的な力が宿っているということ、それもあるのですが、それだけではない。哲学的カバラーでは、神の形態化ということです。つまり、それを井筒さん的に言うと「M領域」です。そこで神が自己顕現しているのだけれど、いまだ現実になってはいない、と。その中間の元型段階が文字だというわけです。しかし、その文字は神が自己の内部で形になったものですから、まさにイブン・アラビーで言うと「有無中道の実在」です。あれが文字なのです。文字の中にはエネルギーがぎゅうぎゅうに詰まっている。そのエネルギーが、ヘブライ文字の中で動いているというイメージなのです。そこを突っつくとまったく新しいものがまた出現するという、そんなイメージです。ですから、記号言語とはまったく違うのです。そこが、一番面白いところではないかと思います。

山内　「アーヤンサービタ」は、「有無中道の実在」と訳されたり、仁子寿晴さんは、「恒常的原型」という別な訳を……。

永井　「恒常的原型」、そうされていました。

山内　そうした恒常的原型の世界はまさにM領域と言いますか、「もの」が顕現する領域なのですが、それを言葉に表すと存在の香りがしないと言われてしまう。あるものでもないし、ないものでもなく、ないものがあるものに変わりつつある、流動してやまない姿、変動してやまない姿なのですが、その姿そのものは恒常的に昔から続いてきているとされる。その辺りの発想はヨーロッパにはほとんどない。もちろん永遠創造説もありますし、ライプニッツでしたら形而上学的なメカニズムとして、〇と1からすべての森羅万象が現れてくる。逆にいえば、あらゆるものはそんな「明確なメカニズム」としてあったのだという考え方はありますから、折々には語られるとしても、アリストテレス的な意味でのオルガノン、論理学というものになりませんから、すぐに消えてしまうような気もします。

永井　そうでしょうね。そこで西洋哲学の論理では追いつかないというのは、西洋哲学ではスタティックに取ってしまうということですね、アリストテレス以降。ライプニッツには生命論的な動きがありますけれども。

イブン・アラビーとか、ユダヤとか、イスラームですと、井筒さんがよく言うのは、一がまさに多にならんとしている、と。一がアハディーヤ、ワハディーヤとか、絶対的一者、動的一者とか、それぞれに段階があって、そこで何が違うのかといえば、その一がどれだけ多に向かっているかという動きですね。まだ多にはなっていないけれど――この辺りが難しいところですが――、一なのであって、一の内部にとどまっているのだけれど、多に向かっているといった、この感じだと思うのです。

ですから、ヘブライ語の文字は、まさに一が多にならんとして動き出したと、これはもう多数化しているわけですけれど、しかしいまだ現実の多にはなっていない。しかし、まさに今、現実の多様性に向かって動き出した。その次の段階ぐらいでしょうか、文字とか、「有無中道の実在」というのは。これを中間界というと、動きを止めた感じになります。しかし、これはあくまでも動きであって、それを西洋的に、段階として表現してしまうと、いまだスタティックな気がします。それを経験の中でいえば、もうまさに動いている状態、そこに生命がもうはち切れそうになっている。ヘブライ文字とは、それをせき止めたという感じなのです。ですから、少し数字にしてやったり、分解してやったりすると、パーッと新しいものが、まったくその方向がわからないままに出てくる、と。エラン・ヴィタル（生命の飛躍）ですね、ベルクソン的に言うと。

井筒さんが言おうとしたこと、それは動きだと思うのです。動きがわずかに止まっている状態。それが、もう少し下に動いていくと、これだけ広がってくるとか。それをスタティックな構造にしてしまうので、そこが伝わりにくいのではないかなという気がします。

山内　言語化する以上は、動いているものを止めなければなりませんね。写真でパチッと撮ると動きは止まってしまいますが、そういう仕方でしか伝えられないから。あるいは井筒さんは、その辺りの動いているものを動かないものとして表現するときに消えてしまうもの、表せなかったものを、何度も何度も繰り返し表現していたようなところが確かにあるような気がします。

永井　そうですね。しかし、井筒さんのこの書き方では無理だと思うのです。それを例えば、より現象学によって同じことをやってみたら、よりダイナミックな、動きを内側からつかむようなことができたかもしれない。ベルクソンやドゥルーズは、それをやろうとしています。ときどき、訳のわからない言葉になってしまったりするのはそのせいです。井筒さんは、動きを止めるというときの止め方として、構造に寄りかかってしまうので、そこが少し不満なところです。いかにして止めるのか。その止め方によるのです。

名づけ、記号化してしまうと、そこで止まってしまいます。動いているものを止めて語る、これが約束事だとしますね。そうすると、記号言語で外から語ったり、あるいは井筒さんのように構造化したりします。これは止め方として二つのやり方ですが、いずれにしても動きの中にはいないわけです。動きの中に自分自身は入ったことがなくて、外から記号を使ったり、構造だけを使うということ、これは偽物です。普通、存在体験などを自覚することはできないから、哲学者が取り組むとどうしてもそうなってしまうのでしょうけれども、ただそれでも、それとは別の語り方があるのではないかと思います。どうしても文学的な言語にならざるをえないと思われますが。

レヴィナスは、まるで哲学の言語ではありません。みなさん、哲学として読んでいるけれども、限りなく文学に近い。モーリス・メルロ＝ポンティの最後の作品、『見えるものと見えないもの』（滝浦静雄・木田元訳、みすず書房、一九八九年）、あの議論ももはや伝統的な哲学の語りではありませんが、その内容は哲学になっている。ですから、なんらかの伝え方というのはあるのでしょうね。

肉（シェール）と享受（フルイチオ）

山内　メルロ＝ポンティの晩年の『見えるものと見えないもの』、私も随分、影響を受けました。中でも、もっとも面白いと思うのは、世界のエレメントとしての「肉」。エレメントとしては普通、地水火風を挙げますが、肉（シェール）をエレメントとするというのは一体どういうことなのだろう、と。「肉」と言って、まずイメージされるのは肉屋さんに売っている肉で、それもあるのですが、ここではむしろ世界の根源的な分節可能性が語られているわけです。私と他者、内と外というように「もの」が分節化してこなければならないような構造が世界そのものにあるというメッセージですね。例えば、鏡でしたら、表と裏というように——そういう構造を世界が持っている、と。それは、われわれがあまりにも身近に、身近過ぎるほど身近に感じていることではないか。そして手と手を触れた場合には、触りつつある手が触られているという、この感じ、その具体性を「肉」で表現しようとしたということで、これは私もいつも戻ってくるところなのです。

永井　「肉」（シェール）は天才的な言葉です。

まさに哲学の言語ではなく、何かを説明し、伝えようとしているのではない。強く凝縮した言葉で、そこからイメージがぱっと広がっていく。基本的には何かといえば、まさにそこにものがあるという、現物があるという感じ。「これ、まさにあります。厚みをもって、ありありとここにあるのです」、このことを「肉」というのです。それまでの哲学は、それを語れなかった。ほんとうに目の前に現前していると、「現前」という言葉を使ったり、「実物」と言ったり、どの言葉であれ、哲学の言語を使ったら絶対に届かない。それを端的に言うとすれば、どうしたらよいのか、そのときに「肉」と言った。

フッサールにライプハフト（leibhaft）という言葉があります。これが「ありありと」です。フッサールの場合は、「ここ、目の前に、まさに現物があります」ということをライプハフトと言います。ライプ（leib）は身体ですから、「身体」を比喩として使って、受肉の出来事で言うと、天上の見えない神ではなく、地上の神の息子の身体がここにあります、と。「骨肉を備えた仕方で」などと訳されますが、ここに実物がありますというのを「ライプハフト」というわけです。メルロ＝ポンティはおそらくそのライプから、彼の身体の哲学を展開したのだと思います。まず、その身体であるライプから入って、さらにそれを自分の身体を超えて、まさに現物がそこあるということを指示するために、ライプをさらに拡大して「肉」と言ったのです。フランス語でライプハフトは“en chair et en os”です。イエスが身体を持って蘇ったというとき、「触れることのできる肉と骨を持って」という意味で使われる言葉です。おそらくメルロ゠ポンティはここから発想して「肉」（chair）という言葉をつくったのです。厚み（épaisseur）とも言いますが、それは表面だけが見えているのではなく、意識に映っているのではなく、奥行きを持って見えているでしょうと言っている。そのことを別の言葉で「肉」（chair）と言ったのです。「現物がある」というところから論理化をはかってゆくと、今言われたような構造になりますけれども、一番の基礎、もっとも基本的なところは、哲学のあらゆる手法の手前に、「ここにある」ということなのです。

山内　「世界の厚み」、私も坂部恵先生の講義で、メルロ゠ポンティを五、六年読んでいましたが、まだ二〇代後半の頃で、「厚み」と言われてもよくわからなかった。坂部先生はその「厚み」を、E・H・エリクソンの「ベーシック・トラスト」（基本的信頼）や、アイデンティティの問題とかかわらせて読んでおられた。世界のリアリティが失われるといった病理的な現象、統合失調症的な世界の没落といったありの対極にある経験として、読み込んでおられました。世界の迫ってくるような感じとして「厚み」「肉」にこだわっておられた。そのとき取り上げられたのが、メルロ゠ポンティが愛したセザンヌの絵、『サント・ヴィクトワール山』などでした。「厚みをもって描いている」と。セザンヌ自身が、統合失調症的な体験を持っていて、世界に対する厚みが感じられなくなった時期を経ていて、絵を時代順に見ていくと、折々の状態がうかがえて面白い、と。そして、同じことを哲学的に表現したのがメルロ゠ポンティなのだということでした。

永井　メルロ゠ポンティのセザンヌ論は、あれがほんとうのセザンヌだと言えると思います。哲学者が絵画論・作家論を書くと、おおむねこじつけだったりしますね。ハイデガーのゴッホなど。しかし、メルロ＝ポンティが書き、論じたセザンヌ、あれがセザンヌです。逆にいえば、セザンヌがメルロ＝ポンティの哲学そのものになっているという、きわめて稀有な例ではないでしょうか。「厚み」とは、サント・ヴィクトワール山を肉眼をもって見ていくということ、一切の思考を括弧に入れて、ただ肉眼だけでひたすら見ていく。そこがセザンヌとセザンヌ論の感動的なところですが、それが「肉」(chair)ではないでしょうか。奥行きなのではないでしょうか。ほんとうに、ものが「ある」という感じ……。

山内　私は中世哲学をやっているので、「肉」については「受肉」(インカルナチオ)と関連づけて、受肉論として読みます。なぜ神はヒトとなりたもうたのかという、贖罪論、原罪論、救済論につなげて「肉」を受け止めますが、最近私がもっとも気になっているのはむしろ「享受」との関係なのです。なぜか、アウグスティヌスにしても、ペトルス・ロンバルドゥスの『命題集』にしても、最初は「享受」(フルイチオ)ということから始まるのです。「享受の対象」は、神の三位一体で、キリスト教に固有の「享受」なのです。そこからして、神の三位一体を享受することは、キリスト教の神の個体本質を体験することなのだという論理があります。ドゥンス・スコトゥスの「このもの性」のモデルもそこにあるのです。ですから、享受という概念はとても大事なのですが、「フルイチオ」というラテン語はなかなか近代語には訳されなかった。フランス語ですとプレジール

(plaisir)、英語ですとプレジャー（pleasure）になってしまうので、まるで意味が伝わらない。

この「享受」（フルイチオ）から発想する、「三位一体の享受」は宗教的な局面の話ですが、さらに私は「存在の享受」ということがあるのではないかと思っています。その「享受」はどういう構造を持っているのか。それは、おそらく味わうことなのです。料理を味わう。それが何であるかはわからなくても、おいしい。食べ物と人間がある意味で一体化するような経験ですね。食べ物を享受する、他者の存在を享受する、存在を享受するということはとても大切だと思います。味覚（gustus）についての論、味覚論は一二世紀にはあったのですが、一三世紀には消えてしまいます。アリストテレスが、イスラームから逆輸入されるとグストゥス（味覚論）が消えてしまう。なぜなのかは、わかりませんが。

「味わう＝享受」の話を井筒さんと結びつけると、さきほどの「慈悲の息吹」、ラフマンという概念は、哲学の世界では裏街道に追いやられてしまいましたが、キリスト教の中では基本概念であった「享受」とつながってもおかしくはないという気がするのです。

永井　ジュイサンス（juissance）ですね。それで思い出すのはレヴィナスのジュイサンス論、「糧を味わう」というものです。関係があるのでしょうか。レヴィナスでは、それはエゴイズムの構造です。生きるために、他者への欲望がいまだない状態がジュイサンスだと言うのです。自分だけが生存していればいいというのが「享楽」ということですから、少しマイナス・イメージがあって結びつかないかもしれない。

山内　フルイチオ（享受）ですと、風と言いますか、共有関係なのです。ギリシア語ですとペリコーレーシス（相互交流）であったり、ラテン語だとチルクムメンチェッシオですから、お互いに切り合う、「切る」というのはお互いに入り込み合うことです。蚕食し合う。メルロ＝ポンティも「蚕食」という言葉は、すごく好きだったようですが、ものとものとが、左と右、外側と内側とは浸透し合ってしまうということです。キリスト教では、そうした「享受」（フルイチオ）を、「他者との一体化」を主題として手放さなかったのですが、一三世紀に切り離してしまうのです。

永井　「被る」というニュアンスもありますね、ジュイサンスには。つまり、受け取ると言いますか、「被る」。慈愛の息吹も、たしかに受ける側からすれば、ジュイサンスですね。

山内　井筒さんの場合は、そうした自他、主客のキリスト教的な相互交流、ペリコーレーシス、チルクムメンチェッシオの側面は、たしかに書かれたものの中に、その契機と言いますか、枠組みはあまりうかがえない気がしますけれど、そうなのでしょうか。

永井　井筒さん、そういうところは避けているような……。生の経験といったところはあまり語らなかったのではないですか。すべてを構造化していってしまうので、「慈愛の息吹」、ジュイサンスとは、ある種の現象学的な記述ですね。いかに経験をするか、経験が成り立つかという。あらゆるものを構造化していく中では、そういう議論は出てこないのではないでしょうか。

山内　西田幾多郎の場合は、その禅の経験がどれほど言語化されているのかをめぐっては毀誉褒貶ありますし、若干乖離があるのではないかという気もしますが、ただ日々坐禅を組むことを生活の一部にしていましたね。井筒さんの場合は、個人的な問題や生きていく上での悩みなどはほとんど語ろうとされないということは思うのですが、神秘的な体験、少なくとも個人的な神秘的体験は、井筒さんの中では主題化されてはいないということでしょうか。

永井　一気に構造のほうに行ってしまうので、生々しいものは避けますね。

しかし、他方で井筒さんの作品は詩ですね。井筒さんは一つの経験を、詩的に語ります。ペルシアの詩人、ルーミーや、神秘主義の詩が、井筒さんは大好きですね。若いときは、西脇順三郎とかシュルレアリスムなどに親炙していいます。詩的言語にはすごく敏感で、そういう場面では語るということかもしれないですね。実在経験、語りえないものは、言葉にするとすれば、詩的言語でということになると思います。上田閑照さんが、西田に関する本で言っておられたけれども、まず悟り体験は言葉にならない。それこそ不立文字です。そして、次には「あ」という言葉が出る。井筒さんでしたらアレフなどと言いそうですけれども。最初には「あ」という感嘆の言葉、次が詩の言語で、それから哲学の言語になる。そんな段階があるのだ、と。

井筒さんでは詩的な段階が、構造化を補うものとしての詩的次元が強くあるのではないでしょうか。ルーミーは、ほんとうにお好きで。詩のほうが表現しえていると、西洋的な論理で語ってはいけないと、しょっちゅう言われるけれど、他方では大切なのは方法論だとも言われる。その方法論的な措置として構造化する。しかし、それの裏を返すと実在である、と。しかし、その実在を捉えられると思ったら、それは違いますということです。結局は、少しでも実在を感じるためには、詩のほうがいいということなのでしょうけれど……。

山内　井筒さんは、若い頃から語学の天才と言われ、三六カ国語ができたということで、学生の頃には、「井筒は語学の天才だ。文学はわからないのではないか」と言われて、いやそんなことはないと、文学もわかることを示すために詩を発表していますが、たしかに書かれたものでは自己抑制が効いていて、ほとんど感情を表現していません。しかしイランに渡り、テヘランの王立哲学研究所の支部にいくとき、モッラー・サドラーとルーミーの翻訳とを同じ年に出しているのです――一九七八年ですから、六四歳のとき――、それには相当の使命感に駆られていたと思います。追想として、「燃え上がってなにかに突き動かされるかのように散った」と書かれていましたから、そんな体験がきっとあったと思います。

井筒俊彦の情念

永井　基本的には情熱の人です、井筒さんは。レヴィ＝ストロースに似ていて。レヴィ＝ストロースは情念の人ですね。ロマン派です。しかし、それを一切、表に出さずに構造化していますね。その点、井筒さんも似ているところがある。その情熱は、お話しに出た、まさに今、動きつつあるということ、絶対者が自己展開しつつあるという、あの感じなのです。おそらく井筒さんが構造をとおして表現しようとしている情熱です。ですから、そこをすごく強調する。

その絶対者は、人間が意識の深層において映している、人間の意識の深層を通じて自己展開していく神です。これを感受するのはパトスです。井筒さんは、ほんとうにパトス的人間だと思います。ところが、それだけでは不十分だということがあったのでしょう。学問にしたいですから。それで構造化することにこだわった。その点、レヴィ＝ストロースも同様だと思います。

山内　パトス的な人……、私もまったく同感です。そのパトス的な側面が強く出ているのは、『ロシア的人間――近代ロシア文学史』（弘文堂、一九五三年）だと思う。

永井　はい、その通りです。

山内　ロシア文学へのはまり込み方が半端ではない。ロシア文学の専門家でも何でもないのに。慶應義塾大学の言語文化研究所に、ロシア語の先生を呼んできて、ロシア語を学習し、ロシア文学にはまっていくわけです。そのとき、ドストエフスキー、チェーホフももちろんなのですが、中でもフョードル・チュッチェフにはまる。当時、日本でチュッチェフを知っている人はほとんどいない。自分でロシア語の文献を探して読み、自ら読解しているのです。チュッチェフの政治詩を、私も読んでみましたが、面白いと思ったのは、彼がある意味でオーソドックスな革命家だということです。マルクス主義にも染まった、革命家です。革命を引き起こし、成就するためには手段を選ばない。殺人もやむなしというほどで、そこに血と大地との結びつきが強い調子で出てくる。なぜこれほどロシア人は、大地を大事にするのかという疑問が湧いてくる。地の底からうなり声がたちのぼってくるような、おどろおどろしいまでの大地性のイメージ、そして血と革命。ドストエフスキーの『カラマーゾフの兄弟』のアリョーシャをめぐる物語に登場するような……。井筒さんは、まさにそこにはまっているのです。

永井　そうでしょうね。わかります。

山内　チュッチェフとドストエフスキーの大地性、それは魑魅魍魎が跋扈する世界と言ってもいい。これは井筒さん自身が、その内面に似たものを抱えていたからだとしか思えない。そして、そこから生まれたのが、『ロシア的人間』……。

永井　持っていますね。理性では、どうしようもない部分です、人間の。さきほど言われた、頂点からどん底へ。そのどん底なのです、井筒さんは。混沌ですね。ですからご自身、混沌がお好きです。翻っていえば、基本的な経験とはその種の混沌ではないですか。理性で捉え、理解することなどできない、混沌。それを何とか理性で抑えようとするのではなく、理性の中に取り込もうとし、レベルを変えて表現を与え、理性の中に位置を与えて鎮めると言いますか、それが構造化ではないでしょうか。『神秘哲学』の序文など、おどろおどろしいほどです。「私はもうすぐ死ぬ」、と。まさしくパトス的人間なのだと思います。

山内　永井さんは、井筒さんのお話、リアルで聞いたことはありますか?

永井　井筒さんにはお会いしたことはありません。井筒さんが亡くなられるとき、日本にいなかったので。あとで奥様のお話をうかがいました。そのときの奥様のお話しで、非常に印象に残っているのが、「井筒は言語学者です」という言葉です。彼は、自分を言語学者だと思っている、イスラーム学者でも何でもない、と。「イスラームは言語学の一つの事例としてやっているのです」と言われました。「井筒の専門は、イスラームじゃない」と。

山内　井筒さんにはお日にかかったことがないのですが、全集として最近、刊行された中に音源がありました。高野山での講演など、ＣＤで聞けるのです。それ聞くと、きわめて明晰。原稿が用意されているのかどうかはわかりませんが、ともかく明晰です。そのまま文章になる話し方です。たまたま聞いたのは、ラングとパロールをめぐる話で、本でも読んだような話でしたが、筋がはっきり通っていて、話し方も落ち着いた、いかにも理性の人という感じです。それを聞いて思ったのは、完全に冷静な理性の人でありながら、他方で、ロシア的人間の情熱の塊を抱えているといった、サルトルの『嘔吐』を地でいった人ではなかったかという気もして、その辺りのギャップが面白い、あるいは不思議だと思うのです。

永井　いや、それは一所懸命に自分で抑えているということでしょう。若いときには、かなりの葛藤があったのではないでしょうか。病んでいたと思います。「もう、自分は死ぬ」と言ったり……。

山内　井筒さんは、頭の中にある思考が、そのまま正確に言葉となって口に出るし、文章にもなった。その辺りの自在さが途方もない人ですね。語学に関しても、暗記力と理解力と習熟の早さが、まるで別格の人ですね。

永井　修行による集中力ではないでしょうか。子どもの頃から、すごい集中力だった、と。そして、思想において開いた世界のその幅、広がりと深さも別格ですね。

（二〇二一年二月一九日、於・四谷）

初出＝『未来哲学』第二号、二〇二一年五月

あとがき

物事や出来事が哲学の中に取り込まれ、思考の対象となるとき、まずそれは表象化され、言葉を与えられ、概念化されなければならない。そうすることで初めて、さまざまな人々の間で議論されるようなものになっていく。

では、新型コロナウイルスについてはどうか。この新しい感染症に対して、政策的にも医学的にも多様な緊急の対策が講じられている。そして、ワクチンが開発され、接種が進みつつあるとはいえ、その終息への道筋はいまだ遠い。人間性にとっての外敵、異物のままである。何であるかもわからぬまま、われわれは当分の間、震えていなければならないのだろう。

この小さな本が新型コロナに対して何ができるのか。わずかなことさえできないのかもしれない。しかしそれでも、それを表象化し、言葉にもたらすことで、過剰なる正義や底知れぬ恐怖と折り合う道を見つけ、新型コロナをも歴史の一頁として鎮めるための小さな一歩になればとの思いを込めた。祈りなど何の役にも立ちはしない、としても。

見果てぬ夢、叶えられなかった願い、死者の思いと苦しみと痛みが、揺曳として漂い、それが集まり、川となって流れ、人間の歴史という大河をなす。その大河は生者によってのみ構成されているのではない。それらは海に流れ込み、波となって輝き続ける。

世界中で途切れることもなく現れている感染者、そして多くの死者たちにいかなる思いをいたせばよいのか。小さな祈りを捧げたい、それが本書だ。

本書のうち、以下の部分は、雑誌に掲載したものを一部修正のうえ、再録した。

第一章　魂と重力　『アンジャーリ』三四号、二〇一七年

第四章　言葉と肉体と風　(『早稲田文学』二〇一六年冬号

終　章　断末魔の苦しみも、無駄に経験されるのではない

『未来哲学』創刊号、二〇二〇年

柔らかく人の世界を包み込むっものたちへの注視

情熱の人　井筒俊彦の東方

いずれも『未来哲学』第二号、二〇二一年

一書となすにあたり、佐藤弘夫さん、永井晋さんとの対話を再録することができた。お二人との対話・対談は得難く、ありがたい経験でした。またその転載をお認めいただいたことに感謝申し上げます。

ぷねうま舎の中川和夫さんは、本書を緊急出版するという決断を踏まえ、鋭意本書の完成に尽力していただきました。路傍の叢を一書にまとめてくださり、感謝いたします。

新型コロナが消滅することはないのかもしれないが、それが鎮められ、共存の可能性が与えられることを祈りたい。

二〇二一年五月

山内志朗

山内志朗

1957年生まれ. 専攻, 中世哲学. 東京大学大学院博士課程単位取得. 新潟大学人文学部教授を経て, 現在, 慶應義塾大学文学部教授.
著書に,『普遍論争——近代の源流としての』(哲学書房, 1992, 後平凡社ライブラリー),『天使の記号学』(岩波書店, 2001),『ライプニッツ——なぜ私は世界にひとりしかいないのか』(ＮＨＫ出版, 2003),『笑いと哲学の微妙な関係——25のコメディーと古典朗読つき哲学饗宴』(哲学書房, 2005),『〈冗長さ〉が大切です』(岩波書店, 2007),『〈つまづき〉の中の哲学』(ＮＨＫ出版, 2007),『存在の一義性を求めて——ドゥンス・スコトゥスと13世紀の〈知〉の革命』(岩波書店, 2011),『「誤読」の哲学——ドゥルーズ、フーコーから中世哲学へ』(青土社, 2013),『小さな倫理学入門』(慶應義塾大学出版会, 2015),『感じるスコラ哲学 存在と神を味わった中世』(慶應義塾大学出版会, 2016),『湯殿山の哲学——修験と花と存在と』(ぷねうま舎, 2017),『目的なき人生を生きる』(角川新書, 2018),. 訳書に, ヨハネス・ドゥンス・スコトゥス『存在の一義性——ペトルス・ロンバルドゥス命題註解』(共訳・花井一典, 哲学書房, 1989) ほかがある.

無駄な死など、どこにもない
——パンデミックと向きあう哲学

2021年6月25日　第1刷発行

著　者　山内志朗（やまうち しろう）

発行所　未来哲学研究所
https://miraitetsugaku.com

発売所　株式会社ぷねうま舎
〒162-0805
東京都新宿区矢来町122　第二矢来ビル3F
電話 03-5228-5842　ファックス 03-5228-5843
http://www.pneumasha.com

印刷・製本　株式会社ディグ

ISBN 978-4-910154-21-3　Printed in Japan

未来哲学　創刊号　二〇二〇年後期

二〇二〇年一一月二五日発売　定価一五〇〇円＋税

創刊のことば

〈哲学〉は〈未来〉に船出できるか？　末木文美士

特集　未来哲学とは何か

提題1　通底する存在と情念
——中世から未来を問うために　山内志朗

提題2　未来哲学としての東洋哲学　永井　晋

提題3　来者を思う——哲学の希望　中島隆博

シンポジウム　コメント　佐藤麻貴

対談　「哲学の未来」っていったい？
——思考を更新するための条件をめぐって
中島隆博・納富信留

コラム

太古の森、化石林に見る地球生命人類史観　辻誠一郎

『バビロン天文日誌』と未来予知学　三津間康幸

二〇世紀の天動説
——ロシア宇宙主義のヴィジョン　細川瑠璃

論考

仏教認識論の射程——未来原因説と逆向き因果　護山真也

存在をめぐる読みの可能性
——アヴィセンナ、アヴェロエス、アクィナスの応答　小村優太

AI・仏性・倫理　師　茂樹

モノたちが　互いに区別されて存在している世界
——アシュアリー学派の行為論と偶因論　法貴　遊

国家・革命・悪——田辺元の実践哲学　田島樹里奈

書評と対話　思想史をどう書くか

書評　「王権」と「神仏」・日本思想史の両極
——末木文美士『日本思想史』を読む　葛兆光

対話　思想史を書き直す　葛兆光・末木文美士
翻訳・通訳　張厚泉

未来哲学　第二号　二〇二一年前期

二〇二一年五月二五日発売所　定価二〇〇〇円＋税

未来哲学研究所からのお知らせ

第二回　シンポジウム　二〇二一年三月三〇日　オンライン開催

異なる近代の可能性——非西欧の視座から

司会　朝倉友海

提題　谷　寿美・坂元ひろ子・小村優太・西平　直

第三回　シンポジウム　二〇二一年八月下旬予定

言葉と語りえぬもの——言語を問う地平（仮題）

水曜哲学会

第一回　太古の森、化石林に学ぶ地球生命人類史観

二〇二一年二月一九日　講師　辻　誠一郎

第二回　超弦理論が描く世界（仮題）

二〇二一年七月一四日　講師　大栗博司

探険・哲学叢林

第一回　「新たなる中世」　講師　細川瑠璃

——ロシア宇宙主義の過去へのまなざし

開催方法・期日など詳細は未来哲学研究所ホームページにて

セミナー

『正法眼蔵』を読む・第二シリーズ　講師　末木文美士

二〇二一年五月一一日（火）より全四回　お申込み受付中

心にもう一つのポケットを！

哲学はいま、この時代の表現たり得ているでしょうか。先端科学が導く奇っ怪な世界像、メディアの変貌、リアリティを増す終末の予感、近代、ポストモダン、そして……、その区分すら定かでない時代感覚、この混沌の中に一筋の道を開きたい。西欧近代を光源としない東方的なるもの、中世的なるものの像に突破のための手がかりを求め、生の理解に新しい局面を開こうとする諸科学の知見に学びつつ。

さまざまなパラドックス、ＡＩの思考とヒトの思考、「わたし」の臨界など、これまで取り残してきた、あるいは遠ざけてきた問題を、あらためてまな板に乗せましょう。希望がないのなら、〈捏造〉してでも生み出すために。

未来哲学研究所

発行所　未来哲学研究所
発売所　株式会社ぷねうま舎
〒一六二―〇八〇五　新宿区矢来町一二二　第二矢来ビル三F
後援　非営利型一般社団法人　カクイチ研究所